기독교,
아직 희망이 있는가?

기독교, 아직 희망이 있는가?

지은이 | 김형석
초판 발행 | 2020. 10. 14.
4쇄 | 2020. 10. 20.
등록번호 | 제1988-000080호
등록된 곳 | 서울특별시 용산구 서빙고로65길 38
발행처 | 사단법인 두란노서원
영업부 | 2078-3352   FAX | 080-749-3705
출판부 | 2078-3331

책값은 뒤표지에 있습니다.
ISBN 978-89-531-3877-3 03230

독자의 의견을 기다립니다.
tpress@duranno.com   www.duranno.com

기독교, 아직 희망이 있는가?

100년 후에도
희망이 되는
기독교를 위하여

김형석

40th 두란노

목차

Part 4 | **예수의 뜻을 실천하는 기독교**

100년 전에는 우리나라 기독교인들이 정신적으로 사회 상위권을 차지했다. 선각자의 역할을 담당했고 모범을 보여주었다. 100년이 지난 지금에는 중위권 정도로 떨어진 느낌이다. 국민들의 교육수준이 높아졌고 공동체의식이 성숙되었는가 하면 인문학을 비롯한 학문적·지적 수준과 사회과학적 가치관이 교회의 관습이나 사회 기여도보다 앞선 것이 사실이다.

앞으로 100년 동안 지금과 같은 현상이 계속된다면 기독교 정신을 발휘하지 못하는 신도의 수가 늘어나 기독교인의 사회적 위상이 하위권으로 추락할지도 모른다.

교육수준과 문화의식이 높은 기독교 선진국의 경우를 보면 짐작할 수 있다. 미국이나 유럽 국가들에서는 교회의 수가 줄어들 뿐 아니라 사회 지성인들은 교회를 외면한 지 오래다. 신학대학들이 대우를 받지 못하고, 사명의식으로 무장한 성직자들도 찾아보기 어려워지고 있다. 우리도 그 뒤를 따를 가능성이 크다. 기독교의 지도자들이 사회를 위한 사명의식을 상실했기 때문이다.

교권을 차지하는 데만 혈안이 되어 정작 기독교가 담당해야 할 인간의 가치와 존엄성을 지키는 일은 뒷전으로 밀려났다. 또한 교회를 위한 교리에 집착해 인간 모두를 위한 진리도 추구하지 못하고 있다. 교회가 목적이 되면 하늘나라 건설이라는 더 중요한 목표에서 멀어지고 민족과 국가의 장래에 대해서도 고민하지 않는 기독교가 된다. 교회의 양적 비대가 기독교 정신의 생명력 상실을 가져오는 것이다. 100년 전에는 기독교가 국가의 희망과 미래를 위해 존재했다. 그러나 지금은 교회가 사회공동체로서의 기본마저도 유지하지 못하고 있는 실정이다.

이런 상황에서 우리 기독교가 100년 뒤에도 희망이 되려면 어떻게 해야 할까? 이 책은 그 고민을 가지고 출발한다. 이 책을 통해 한국 교회와 겨레의 앞날을 걱정하는 이들이 희망을 발견하길 바라고, 그대로 실천하게 되길 기도한다.

　그리스도가 교회의 주인이 되면 교회보다 큰 하늘나라를 위한 사명을 감당할 수 있다. 기독교는 교회보다 크지만 하늘나라는 기독교보다 더 넓은 세계에서 성취되어야 한다.

2020. 10. 07
김형석

　　　　　　기독교, 아직 희망이 있는가

100년 후에도 희망이 되는 기독교를 위하여

100년 후에도 부끄럽지 않은 기독교가 되려면

기독교와 크리스천에 대한 평가는
교회 안에서 우리끼리 내리는 것이 아니다.

사회가 평가해 주어야 한다.

다른 종교인이 그리스도인을 높이 평가하며,
사회의 일꾼과 지성인이 크리스천과 교회에 대해
고맙게 여길 수 있는 기독교가 되어야 한다.

나는 어렸을 때부터 예수를 믿고 교회에 다녔다. 그때부터 상당히 오랫동안 두 가지 편견에서 벗어나지 못했다. 하나는 신앙을 갖게 되었다는 자부심이었다. 나는 종교적 신앙을 가졌기 때문에 그렇지 못한 사람들보다 우월하다는 생각을 가지고 있었다. 다른 하나는 기독교 신앙은 구원을 위한 유일한 길이기 때문에 다른 종교보다 앞서 있으며, 다른 종교를 믿는 사람들은 구원에서 소외된 미신을 따르는 것이라는 관념이었다.

나만 그렇게 배우고 믿은 것은 아니었다. 당시 대부분의 교인이 같은 생각과 믿음을 갖고 있었을 것이다. 어떤 목사님은 술, 담배는 물론이고 여성들이 화장을 하는 것조차 죄악이라고 설교한 적도 있었다. 그러나 지금은 나 자신도 그런 생각에서 벗어나 있으며 많은 지성인과 젊은이도 그런 가르침을 받아들이거나 따르려 하지 않는다. 우리나라에서 가장 보수적인 장로교의 평신도와 장로들이 예사로이 하는 말을 나는 자주 듣는다. "목사님들은 그런 설교를 하지만 우리는 시대에 뒤떨어진 신앙을 넘어선 지 오래입니다"라는 고백이다.

지금은 세계적으로 종교적 신앙을 가졌다고 자부하는 사람보다 교양과 지성을 갖춘 사회인이 존경받는 경우가 더 많다. 사상계를 대표하는 철학자나 역사가들은, 마르크스주의는 오래 지속되지 못해도 종교 간의 갈등은 앞으로도 수세기 동안 인류에게 불행과 고통을 안겨줄 것이라고 말한다. 말하자면 종교가 남겨주는 공功과 과過를 가린다면 과가 더 크다는 지적인 셈이다. 인도와 중동을 방문하는 사람은 그런 종교 갈등을 눈으로 확인하게 될 것이다.

우리가 믿고 있는 기독교도 예외는 아니다. 우리는 기독교의 좋은 면과 자랑스러운 부분만 지나치게 부각시킨 나머지 과거 2천 년 동안 저질러온 부끄러운 과오를 외면하는 습관에 젖어 있었다. 십자군전쟁을 비롯해 기독교가 범한 죄악은 결코 적지 않다. 개인의 인간성 말살뿐만 아니라 역사와 사회에 불행과 고통을 안겨준 것이 사실이다.

물론 산이 높으면 그림자도 커지게 마련이다. 그러니 기독교가 인류에 끼친 선한 영향력 또한 무시할 수 없다는 사실은 인정해야 한다. 기독교가 가진 종교적 우수성이 흐려져서는 안 된다. 기독교 본래의 의미를 제대로 찾아야 한다는 뜻이다. 교양을 갖춘 지성인들도 믿고 따를 수 있는 종교가 되어야 한다는 당위성과 정신적 의무를 소홀히 할 수는 없다.

지금 시점에서 '과연 기독교가 100년이 지난 후에도 부끄럽지 않고 자랑스러운 종교로 인정받을 수 있을까?' '크리스천들이 사회적으로 모범을 보이며 존경받을 수 있을까?'를 묻고 싶은 것이다. 100년, 즉 1세기가 대단히 긴 기간이라고 생각해서는 안 된다.

기독교, 아직 희망이 있는가

이 글을 쓰고 있는 나 자신도 100년에 가까운 신앙생활을 지금까지 계속해오고 있기 때문이다. 이 문제의 해법을 찾기 위해 다음과 같은 반성을 해보고 싶다.

3·1운동 전후로는 크리스천들이 역사의 현재선線보다 앞서 있었다. 국가와 민족을 위하는 애국심도 일반인보다 앞서 있었다. 개인의 지적 수준이나 도덕적 평가도 모범적인 편이었다. 통계가 있는 것은 아니지만, 크리스천의 70퍼센트 정도는 역사를 이끌고 선도해갈 위치에 있었다. 그런 현상은 내 주변에서도 흔히 발견할 수 있었다.

그러나 최근에는 종교인보다 일반인이 사회적으로 성장하고 각계에 진출하는 비중이 더 높아지고 있다. 전에는 예수 믿는 사람들을 본받아야 한다는 말을 자주 들었는데 지금은 양심적이고 지적 판단이 앞서는 사회인들이 더 늘어나고 있다. 기대와 존경의 대상이 바뀌고 있는 것이다.

누구에게든 물어보라. 종교인, 즉 크리스천이 더 많아지기를 원하는가, 아니면 양심적인 지성인이 더 늘어나기를 원하는가? 많은 사람이 후자라고 대답하고 있다. 오히려 크리스천의 수가 지나치게 늘어나는 데 우려를 나타내는 이들도 있다. 빛과 소금의 직책을 다하지 못하는 외형적 크리스천의 비행에 대한 실망이 줄어들지 않고 있는 것이다.

말하자면, 지금은 현재라는 역사의 경계선에서 앞서 있는 크리스천보다 뒤처져 있는 교인이 더 많아졌다는 뜻이다. 교인의 70퍼센트 이상이 역사선 뒤에 처져 있다면 이미 기독교는 존재 의미를 상실한 것으로 보아야 한다. 앞서 있는 지성적 사회지도자가 교인을 이끌어가야 하는 상황이 된 것이다. 또 사회학자들의 조사와 연구발표에서도 그런 조짐이 보이고 있다.

지금까지 기독교인은 교회라는 좁은 울타리 안에서 자화자찬하면서 살아온 것을 부인할 수 없다. 그러는 동안 전체 사회에서 멀어지고 교회라는 연못 속에서 스스로 만족하는 폐쇄성을 극복하지 못했다. 그 결과, 때로는 기독교의 사회기관이 교회보다 더 긍정적 평가의 대상이 되기도 했다. 기독교 대학들과 수많은 기독교 기관은 사회에서 교회가 점유하고 있는 위상보다 더 높이 평가되고 더 긍정적인 대우를 받고 있다.

이 문제에 관심을 갖는 이유는 기독교와 크리스천에 대한 평가는 교회 안에서 우리끼리 내리는 것이 아니기 때문이다. 사회가 평가해 주어야 한다. 다른 종교인이 그리스도인을 높이 평가하며, 사회의 일꾼과 지성인이 크리스천과 교회에 대해 고맙게 여길 수 있는 기독교가 되어야 한다.

가장 큰 잘못은 교회 안에서 스스로를 아전인수 격으로 해석하는 것이다. 또 교인이 사회의 비기독교인보다 뒤떨어져 있으면서도 좁은 울타리 안에서 자랑스럽게 사는 것이다. 아직도 교계 신문지상에서 신앙의 정통성과 이단 문제로 대립해 싸우는 것을 보면, 정치인보다 뒤지고 있다는 생각도 하게 된다. 교회 사역을 정치권력과 결부시키는 것은 애국심을 가진 정치인도 반기지 않는 일이다.

이런 정황을 감안하면 '앞으로 한 세기 쯤 후에는 기독교가 어떤 위치를 차지할 것이며, 크리스천은 부끄러움을 극복하고 존경받는 그리스도의 제자가 될 수 있을까?' 하는 자기 반성을 하지 않을 수 없게 된다.

기독교가 버려야 할 것들

교회주의를 탈바꿈하자는 것은
교회를 떠나거나 버리자는 뜻이 아니다.

교회의 목적을 높이며
세계와 인류에 희망을 주자는 요청이다.

그리스도께서 하신 일이
바로 그런 뜻이었다.

최근에 사람들을 만나면 기독교와 크리스천의 문제가 무엇인지 내게 묻곤 한다. 사실 이것은 몇 년 전부터 꾸준히 제기되어온 문제이다. 기독교가 사회에서 빛과 소금의 역할을 제대로 해내고 있지 못하기 때문이다.

　크리스천의 문제를 극복하기 위해서는 무엇보다 먼저 기독교 스스로가 달라져야 한다. 고칠 것이 있으면 개선하고 회개할 것이 있으면 숨김 없이 용서를 구하고 바로잡을 것이 있으면 과감히 혁신해 나가야 한다. 우선 성직자와 지도층 인사들이 새로워져야 하며 다음에는 일반 신도들이 그 뒤를 따라야 한다.

　무엇보다도 성직자가 교인을 대할 때 권위의식을 버리는 자세가 선행되어야 한다. 교인 역시 다른 종교를 믿는 사람이나 사회인을 위에서 내려다보면서 비판하는 권위주의에 빠져서는 안 된다.

　사실 모든 종교는 권위의식을 바탕으로 성립·형성되어온 것이 사실이다. 권위가 사라진다면 종교적 신앙은 존립 자체가 흔들릴 수 있다.

　예수 당시의 종교 지도자들은 예수에게 무슨 권위나 권세를 갖고 사람들을 가르치냐고 물었다. 예수의 가르침을 직접 들은 제자들은 예수의 말씀은 권위가 있었다고 고백했다. 이는 권위의식이 종교적 신앙의 기반이 되어왔다는 반증이기도 하다.

석가에 대한 권위가 사라진다면 불교는 존립하기 어려울 것이다. 공자에 대한 권위의식 때문에 유교는 윤리와 도덕을 넘어 종교에 버금가도록 그 위상이 높아졌을 정도이다.

이처럼 종교의 창시자, 즉 교주에 대한 권위가 존재하기 때문에 신앙이 존속할 수 있었다. 그런데 문제가 있다. 교주에 대한, 교주로부터의 권위가 나의 것, 우리의 것으로 바뀌면 성직자나 신앙인 자신이 다른 사람에 대해 권위를 인정받기를 바라고 권위 자체가 세속화된다. 그것을 우리는 적절히 표현할 말이 없어 권위주의라고 부르는 것이다. 따라서 권위는 있어야 하나 권위주의에 빠져서는 안 된다.

과학의 세계에서는 존경심은 있으나 권위주의는 없다. 철학이나 예술의 분야에도 존경심은 있다. 그러나 권위주의는 용납되지 않는다. 종교도 그래야 한다. 교주의 인격과 가르침에서 권위를 느끼고 깨닫는다고 해서 내가 그 권위를 소유할 수 있는 것도 아니고 권위의 주인공은 더욱 될 수 없다. 사이비 종교와 신앙이 끊임없이 나타나는 것은 잘못된 권위의 소유자들이 인정받고 있기 때문이다.

이렇게 권위는 존재하지만 권위주의에 빠지지 않는다면, 종교적 권위는 어떻게 나타나야 하며, 어떤 존재 의미를 갖게 되는가. 현실적으로 표현한다면 권위가 권위의식을 통해 정신적 질서

기독교, 아직 희망이 있는가

로 나타나야 한다. 그리스도의 교훈은 사랑의 질서로 나타나야 한다. 우리가 자연계의 법칙과 정신세계의 질서를 찾아 따르듯이 사랑과 은총의 질서를 믿고 따르는 것은 기독교적 권위의 증거이다.

종교적 권위는 창시자의 인격과 삶에서 비롯된다. 철학자는 사상가로서 존경을 받는다. 예술가는 미의 창조자로서 높임을 받는다.

한편 종교적 신앙은 인격과 삶을 통한 권위의식을 동반하는 법이다. 그렇기 때문에 신앙인으로서의 인격과 삶의 내용은 성직자들을 통하여 우리의 정신 및 생활의 질서로 나타날 수 있어야 한다.

세상사의 모든 분야에서 그러하다. 권위주의가 사라진 곳에는 선한 질서가 그 공백을 채우게 되어 있다. 권위의식은 상하의식을 동반하는 것이 보통이다. 그러나 그 권위의식이 질서의식으로 변화되면 공존과 평등의식을 동반한다.

천주교에서도 마더 테레사가 숭앙의 대상이 되고, 평신도가 존경의 대상이 되는 것은 그들이 그리스도의 권위를 현실사회에서 은총과 사랑의 질서로 대신했기 때문이다.

개신교가 천주교에 대해 불만을 갖는 것은 그리스도의 권위를 성직자들이 나누어 갖는 것 같은 현상이 자주 나타나기 때문이다. 천주교 내부에서도 지나친 분권과 인간 중심의 제도가 그리스도의 교회에 대한 권위까지도 부정하는 신앙적 무질서를 초래할 수 있음을 우려하기도 한다.

미래의 기독교는 인간적 권위의식에서 나오는 모든 권위주의를 그리스도의 교훈과 뜻이 성취되는 신앙적 질서로 정착시키는 노력을 아끼지 말아야 할 것이다.

기독교의 문제를 극복하기 위해 두 번째로 해야 할 일은 신앙의 공동체인 교회는 필요하지만 교회주의에 빠져서는 안 된다는 요청이다.

사실 교회주의자라는 개념이나 용어는 일반적인 것이 아니다. 우리 모두가 교회 안에 머물고 있기 때문이다.

크리스천의 절대 다수는 교회를 떠난 기독교 공동체는 생각지 않는다. 서로 교단과 계통은 달라도 교회에 소속되어 있기 때문이다.

소수의 성경주의자들처럼 현실 교회의 제도 밖에서 공동체를 형성·유지하는 이들이 있긴 해도 그 수는 극히 적은 편이다. 그들은 성격이 다른 또 하나의 공동체이다. 교회라는 이름을 갖지 않은 신앙 공동체일 뿐이다.

우리가 교회의 존재와 의미는 예로부터 인정해왔으나 교회주의를 비판하는 이유는, 기독교가 교회로부터 탄생되어 교회를 목적으로 성장·발전하면 된다는 교회 유일성과 교회 목적관이 옳지 않기 때문이다. 우리는 예수의 교훈에서 쉽게 그 뜻을 발견할 수 있다. 예수께서는 당신의 목적은 인간적 교회에 있지 않고 하나님의 나라 건설에 있다고 거듭 강조하셨다.

구약도 교회보다는 민족을 위한 하나님의 뜻으로 채워져 있고 신약도 교회를 통한 하나님의 나라 건설에 목표를 두고 있다. 어떻게 보면 기독교는 하나님의 나라를 위해 인간에 의해 만들어진 교회로 보아야 할 것이다.

세상 나라에는 가이사의 뜻을 많이 담겨 있지만, 교회에는 가이사의 것과 하나님의 것이 혼재해 있다. 인간의 것은 축소되고 하나님의 것은 승리해가는 장場이 교회이다. 교회 자체가 목적이 아니라 교회를 통해 하나님의 나라가 건설될 때 교회는 그 소임을 다하는 것이다.

그 생각이 잘못되면 우리가 교회와 더불어 살아온 탓에 기독교는 교회로 출발해 교회로 끝나는 것 같은 착각을 일으킨다. 가장 좋은 교회가 되면 그것이 기독교의 전부라는 좁은 사고에 사로잡히게 된다. 그런 잘못을 저지르는 것을 방지하기 위해 교회가 기독교의 전부이고 교회로 출발해서 교회로 끝난다는 교회 목적관을 교회주의라고 불러보려 한다.

이런 교회주의 운동은 후진사회로 갈수록 더 성행하며, 그 결과로 나타나는 것이 대교회주의 운동이다. 이상하게도 우리나라 신학생의 대부분이 대형 교회가 되는 것을 반대하면서도 막상 자신이 목회자가 되면 무의식적으로 큰 교회를 선호하며 성공한 교회는 큰 교회라는 관념에 흡수되어버리곤 한다. 자신도 모르게 교회주의자가 되는 것이다.

실제로 교회생활을 해보면 신앙 공동체 규모가 700세대 정도일 때 가장 알차고 소망스러운 교회생활을 영위하게 된다는 사실을 체험하게 될 것이다.

그러나 우리가 교회주의를 조심스럽게 경계하는 것은 교회주의에 빠져 교회 안은 물론이고 교회 밖에도 건설되어야 할 하나님의 나라를 망각하거나 멀리할 우려를 떨쳐버릴 수 없기 때문이다. 우리 사회야 어떻게 되든지 우리 교회만 잘되면 그만이라는 논리는 얼마나 잘못된 생각인가. 민족과 국가는 정치인들의 책임이고 우리는 교회만 부흥시키면 된다는 주장이 용납될 수 있는가. 사회와 역사의 흐름이 기독교 정신과는 어긋나는 방향으로 달리고 있는데 큰 교회당을 짓고 많은 수가 모여 예배를 드리고 풍부한 재정을 운영할 수 있으면 족하다는 관념이 그리스도의 정신과 부합될 수 있겠는가.

교회주의를 탈바꿈하자는 것은 교회를 떠나거나 버리자는 뜻이 아니다. 교회의 목적을 높이며 세계와 인류에 희망을 주자는 요청이다. 그리스도께서 하신 일이 바로 그런 뜻이었던 것이다. 빛은 암흑을 이겨야 하며 누룩은 밀가루를 빵으로 바꾸는 데 쓰여야 한다. 소금은 음식물의 부패를 막으면서 맛까지 낼 수 있어야 한다. 교회도 많은 열매를 맺기 위해 스스로 죽어가는 한 알의 밀로서의 역할을 감당해야 하는 것이다.

우리가 책임져야 할 세 번째 과제는 교권주의 또는 교권의식을 축소하거나 불식시키자는 것이다. 교회가 커지고 사회적 영향력이 강화되면 자연히 뒤따르는 것이 교권의 확장이다. 그것이 보편화되면 기독교는 점차로 교권주의에 치우치게 된다.

중세시대가 바로 그런 시기였다. 황제가 교황의 뜻에 순종해야 하며 세상의 법은 교회법을 따라야 했다. 그 절정이 바로 중세말의 십자군전쟁이었다.

우리는 그 당시의 과오와 폐단을 역사적으로 살펴보고 반성하고 있다. 그러나 현대사회에서도 그런 현상을 충분히 엿보게 된다. 그것의 가장 뚜렷한 예는 종정일치 또는 야합으로 드러난다. 지금도 이스라엘과 이슬람세계에서 비슷한 현상을 발견하곤 한다. 종교와 정치가 분리되지 못하면 자연히 종교가 교권주의에 빠지게 되며 정치권력과 자리를 나란히 하는 결과를 낳는다.

예수께서 악마로부터 받은 유혹과 시험의 하나가 바로 그것이다. 악마가 높은 산에 올라가 천하를 보여주면서 나에게 복종하면 이 모든 것을 다스릴 권세를 주겠다고 유인했다. 예수께서 그 유혹에 빠졌다면 하나님의 나라는 가이사의 나라에 흡수되고 말았을 것이다.

우리가 걱정해야 하는 것은 정치적 권력이 아니라 정신적 권력의 행사이며 신앙적 권력을 정당화시키는 일이다. 그것을 예로부터 교권주의로 불러왔다. 사실 이러한 교권의식이 없는 교회는 드물었다. 교회가 커지고 교단이 확장될수록 그에 비례해 교권이 강화되는 것이 보통이었다. 일단 성직자가 그 교권을 차지하게 되면 교권은 권력이기 때문에 종교 및 신앙적 권력을 행사하게 된다. 그리고 그것에 맛을 들이면 교회는 본래의 방향과 목적을 떠나 교권 확장에 빠지곤 한다.

권력, 즉 권세적 지배력은 명예를 동반하는 것이 보통이다. 그래서 조직이 커질수록 교권도 강해지며 다수를 점령하는 교회와 교단이 더 큰 힘을 행사하곤 했다.

이런 교권의식은 어쩔 수 없는 결과를 낳았다. 천주교의 제도가 그런 식으로 운영되고 있으며 개신교에서 총회장 선출이나 총회 감독 선거도 똑같은 과정을 밟고 있다.

물론 교회도 하나의 조직사회이기 때문에 운영과 발전을 위한 최소한의 힘과 지배력은 필요하다. 그러나 그 권력 자체가 비

기독교, 아직 희망이 있는가

대해지거나 목적이 되면 자신도 모르는 사이에 교권주의에 빠지게 된다. 그리고 교권을 행사하기 위한 수단과 방편을 모색하게 된다.

교회를 운영하다 보면 때로는 재정적 뒷받침이 필요해지며 수단과 방법을 앞세우기도 한다. 그러는 동안에 교회는 교권주의 속으로 빠져들어 본연의 자세와 노력을 포기하기도 한다.

그런 점에서 기독교는 교권을 확장하기보다 축소시키거나 최소화하는 방향을 계속 추구해 나가야 한다.

지금까지 기독교와 크리스천이 가진 문제점과 그 극복방안을 살펴보았다. 예수님이 사시던 당시에도 부패한 종교인과 허위에 가득찬 권위주의자, 교권주의자들은 예수님의 주된 공격 대상이었다.

그렇다면 지금 예수께서 우리를 보신다면 어떻게 말씀하실까? 이 질문을 늘 염두에 두는 기독교와 크리스천이 되어야 100년 후에도 희망을 주는 기독교가 될 것이다.

인류 역사에 희망을 주는 기독교가 되길

기독교의 사명은 기독교의 세상화가 아니다.
세상적이고 세속적인 것을 그리스도화하는 일이다.

교회화하거나 교리화하는 것이 아니라
그리스도의 뜻과 가르침에 동참하여
진정한 크리스천이 되는 것이다.

미래의 기독교를 생각할 때 우려되는 점이 한두 가지가 아니다. 앞에서도 지적했듯이 기독교가 교회에 머물면서 교회주의에 치중하게 되면, 교권주의와 더불어 교리주의에 빠지기 쉽다.

교리주의는 기독교가 스스로의 정통성을 위해 필요한 것이었다. 국가마다 헌법이 있어 그 정체성을 지키며 발전하듯이 교회와 교단은 그 존립을 위해 교리가 필요했던 것이다.

그러나 거기에 문제가 있다. 구약에는 계명과 율법이 있어 유대교의 전통을 지킬 수 있었다. 그러나 예수께서는 그 율법과 계명을 절대시하지 않았다. 안식일은 구약시대의 사람들이 절대적으로 수호해야 하는 계명이었다. 그러나 예수께서는 안식일이 인간을 위해 있는 것이지 인간이 안식일을 위해 존재하지 않는다는 폭탄 선언을 하셨다. 그 때문에 율법주의자들은 예수를 종교재판에 회부해 죽이려는 음모를 짜내기도 했다. 그러나 지금은 누구도 안식일을 위해 인간이 존재하지 않는다는 사실을 의심하지 않는다. 기독교 밖의 사람들에게는 안식일 논쟁이 불필요한 화두에 지나지 않는다.

앞으로는 기독교가 그런 교리주의에 빠져 인간성을 구속하며 더 고귀한 그리스도의 진리는 훼손시키는 과오를 범해서는 안 된다. 나 자신도 중학교에 다닐 때 주일에는 시험공부를 하지 않고 있다가 자정이 넘어서야 공부를 하던 기억이 있다. 목사님이 그렇게 요청했기 때문에 순종했던 것이다.

우리가 교리주의를 우려하는 것은 편협성과 폐쇄성 때문에 그리스도의 말씀, 즉 진리를 소홀히 여기거나 배제할까 염려되는 까닭이다. 교리는 우리의 것이지만 진리는 만인의 것이다. 그리스도의 교훈이 진리라면 그것은 다른 종교의 교리를 넘어 믿음의 대상이 되어야 한다.

신학도 그렇다. 신학은 만인이 따를 수 있는 진리의 학문이 되어야 한다. 교리와 교권을 위한 신학이 되어서는 안 된다. 그것은 한없이 넓은 그리스도의 말씀과 기독교의 진리를 교리라는 좁은 그릇에 담는 것 같은 우를 범하는 것이다. 우리는 아직도 그런 현실을 주변에서 너무 많이 보고 있다.

우리가 원하는 것은 최소한의 교리이다. 그리고 그것은 모든 교회와 교단의 공통적인 신앙의 기틀이면 충분하다. 예수의 말씀과 진리가 교리를 넘어 구원의 메시지로 계속 전파되어야 한다. 기독교의 진리는 만인의 인생관과 가치관으로 받아들여질 수 있을 때 비로소 진리가 되는 것이다. 다른 종교를 믿는 사람도 그리스도의 인생관과 가치관을 인정하고 따르면 더 바람직하다. 그것이 하나님의 뜻을 따라 사는 길이기 때문이다.

옛날에는 교리주의자들이 그리스도의 진리까지 독점하려는 과오를 범했다. 앞으로는 교회와 교회의 지도자가 교리를 통해 진리를 선포하는 책임을 감당해야 한다. 예수께서는 교리주의자가 아니셨다. 그러기에 모든 교단과 교파에 속하는 크리스천들이 그를 받아들였다. 앞으로는 만인이 따를 수 있는 진리를 증거하는 교회와 크리스천이 되어야 한다.

기독교가 지닌 문제들을 나열하다 보면 미래 기독교에 대한 우려를 금치 못하게 된다. 기독교가 세속화되어 그 존재가치와 본질을 상실하게 되지 않을까 하는 걱정이 앞서는 것이다. 그래서 기독교의 사회참여 및 역사참여를 주장하면서도 세상 속으로 들어가 '세속화'되는 동안에 혹시라도 기독교가 사라지게 되지는 않을까 계속 우려해 왔다. 한때는 기독교의 세속화를 막고 성화聖化를 위해 수도원이 생기기도 했고 반反세속화 운동 같은 교단운동이 일어나 현실을 초월한 하늘나라의 건설을 요청해보기도 했다. 이와 유사한 운동은 지금도 벌어지고 있다.

물론 우리는 그런 신앙운동의 노력을 부정하지 않는다. 신앙의 순수성과 존엄성이 필요했기 때문에 지금도 수도원 제도가 있고 개신교에서도 기도원 운동이 벌어지는 것이다. 그 가장 대표적인 사람이 세례 요한으로, 그가 속해 있던 에세네파가 바로 탈脫사회, 탈脫현실종교 운동을 주장하는 종교집단이었다. 예수께서는 그 운동을 반대하거나 거부하지 않았다. 그렇다고 그들과 함께 머물지도 않았다. 그 운동은 또 하나의 특수한 종파운동을 만드는 결과를 가져왔기 때문이다. 하나님의 나라는 로마를 변화시키고 바리새파 등 기성 종교와 신앙을 새롭게 탄생시켜야 했다.

세속화된다는 것은 기독교의 본질과 생명력을 약화시키며 상실하는 것을 의미하기 쉽다. 기독교의 사명은 기독교의 세상화가 아니다. 세상적이고 세속적인 것을 그리스도화하는 일이다. 교회화하거나 교리화하는 것이 아니라 그리스도의 뜻과 가르침에 동참하여 진정한 크리스천이 되는 것이다.

나와 이웃, 나와 사회의 차원으로 탈바꿈하는 일이다. 모든 인간의 삶은 그리스도와 나 그리고 우리 사회라는 한 차원 높은 삶으로 승화되어야 한다. 그런 사명을 위해 크리스천은 모범적인 사회인이 되며, 기독교는 인류와 역사에 새로운 희망과 변화를 줄 수 있어야 한다.

그 일이 전개되는 동안에 교회의 세력이 약화될 것을 우려할 필요는 없다. 교회는 더 확고한 지지와 흠모의 대상이 될 것이며 기독교는 사회의 어떤 집단이나 공동체보다 평화와 행복을 더 많이 전해주는 희망의 종교가 될 것이다. 그 책임을 저해하거나 망각하는 크리스천과 교회지도자는 자연히 도태되는 결과를 피할 수 없을 것이다. 옛날의 제사장, 서기관, 율법주의자들이 새로운 신앙무대에서 사라져야 했듯이….

그리고 이러한 기독교의 정신은 언제 어디서나 사회에 그 열매를 제공해야 한다. 적어도 크리스천은 대인관계에서 이기주의자가 될 수 없다. 크리스천의 공동체는 결코 집단이기주의적 판단이나 행동을 하지 말아야 한다.

크리스천은 누구보다도 민족과 국가를 사랑하는 마음, 애국심을 갖고 있다. 그러나 폐쇄적인 민족주의자나 국수주의자가 되어서는 안 된다. 그리스도의 뜻을 따라서 민족과 국가를 사랑하기 때문이다.

크리스천은 누구보다도 인권을 존중하며 생명과 개성 및 인격의 가치를 높이 받든다. 기독교의 근본정신이 인간애와 인간 목적관에 근거를 두고 있는 까닭이다. 만일 정치적 목적이나 경제적 목표달성을 위해 인간을 수단화하는 크리스천이 있다면 그것은 그리스도의 뜻을 역행하는 행위가 된다. 우리가 이념의 노예가 된 공산주의자들을 용납하지 못하는 이유가 거기에 있다.

이런 과제는 그리스도의 뜻을 따라 하나님의 나라를 건설하기 위한 과도적 의무에 속하는 것이다. 그래서 100년은 결코 먼 미래가 아니다. 지금 우리에게 주어진 책임이 막중하기 때문이다.

100년 후에는 모든 크리스천이 존경과 흠모의 대상으로 바뀌어야 하지 않겠는가.

Part 2.

인간다움을 회복하는 기독교

신앙은 실천에 옮겨질 때 완전해진다

진정한 신앙은 알고 믿는 데 그치지 않는다.
믿는 바를 그대로 실천해야 한다.
성경에 나오는 부자 청년도 무엇을 알아야
영원한 생명을 얻을 수 있는지 묻지 않았다.
무엇을 실천해야 생명을 얻을 수 있는지 물었다.

이렇게 보면 신앙은 앎을 포함하면서도
실천에 옮겨질 때 완전해진다.

감리교 선교사로 우리나라의 한 신학대학에서 가르치다가 미국으로 돌아간 박대인 목사로부터 들었던 이야기가 생각난다.

박 목사가 동남아시아에서 열린 외국 선교사들의 회의에 참석했을 때 일이다. 그 모임에서 일본인 선교사 한 사람을 만나게 되었다. 일본 기독교계는 신학과 성경 연구에서는 많이 앞서 있으나 선교사를 외국에 파송하는 일은 드문 나라였다. 그래서 박 목사는 그 선교사에게 어떻게 선교사로 오게 되었는지 물었다.

일본 선교사의 대답에는 뜻밖의 내용이 들어 있었다.

그는 태평양전쟁 말기에 일본 도쿄에 머물다가 정부의 지시에 따라 농촌 지역으로 소개疏開(폭격으로 인한 피해를 줄이기 위해 밀집했던 병사들이 대형의 간격을 넓히는 일)를 가게 되었다. 미군의 폭격이 심해지고 있었기 때문이다. 아는 이도 별로 없는 곳에서 외로운 생활을 하고 있을 때, 남달리 친절과 도움을 베풀어준 농촌 사람이 있었다. 짧지 않은 세월을 그와 가까이 지내다가 전쟁이 끝난 후 다시 도쿄로 돌아가게 되었다.

돌아가기 전 그는 자신을 진심으로 도와준 사람을 찾아가 작별의 정을 나누었다. 자신이 어떤 사람인지 소개한 적이 거의 없던 그 농촌 사람이 그때 비로소 자기는 조선에서 왔으며 그리스도를 믿는 사람이라고 알려주었다. 그러면서 헤어지더라도 하나님의 은혜를 빌겠다는 위로의 뜻을 잊지 않았다.

그 뒤 선교사는 도쿄로 돌아와 바쁜 나날을 보내다가 그 조선 사람이 보여준 정성과 사랑의 기억이 떠오를 때마다 기회가 생기면 교회에 나가야겠다는 생각을 굳히곤 했다.

얼마 후에 그는 크리스천이 되고 더 나이 들기 전에 신학을 공부하여 목회자가 되겠다고 결심했다. 그렇게 그는 목사가 되었고 당시 일본보다 후진국이었던 동남아시아 지역에 와서 선교를 하게 되었다는 이야기였다.

나는 박대인 목사를 통해 그 이야기를 들으면서 하나님의 섭리가 어떻게 이루어지고 있는가를 생각하지 않을 수 없었다.

하나님께서는 아무 이름도 없고 업적도 없는 한 조선 사람의 정성 어린 기도와 사랑을 통해 한 일본인 선교사를 만드셨고, 그 선교사를 통해 수많은 외국인이 하나님을 믿게 해주셨다. 그리고 그런 은총의 사실이 지금도 우리 주변에서 기적처럼 일어나고 있다. 때로는 우리 자신이 그 은총의 사건들의 주인공이 되기도 하면서….

나는 신학자는 아니다. 그러나 많은 신학자가 신앙을 바라볼 때 무엇을 알고 믿는가를 중요시한다. 신앙이 지식과 학문의 내용과 일치해야 한다고 생각한다. 그래서 합리적이고 이성적인 사고와 판단에 합치되는 것을 믿는다. 때로는 비이성적인 것을 믿을

기독교, 아직 희망이 있는가

수 없는 것처럼 초이성적인 신앙을 멀리하기도 한다.

그러나 신앙은 이성적 사고와 판단을 초월하는 것이다. 지식이 아니고 삶의 내용이기 때문이다. 그래서 신학은 믿음의 학문이어야 한다. 철학의 울타리 안에 있는 학문이 아니다.

진정한 신앙은 알고 믿는 데 그치지 않는다. 믿는 바를 그대로 실천해야 한다. 성경에 나오는 부자 청년도 무엇을 알아야 영원한 생명을 얻을 수 있는지 묻지 않았다. 무엇을 실천해야 생명을 얻을 수 있는지 물었다(마 19:16). 율법학자도 그렇게 물었다. 그때 예수께서는 사마리아 사람에 관한 이야기를 하면서 강도를 만난 사람에게 사랑을 베풀 듯 실천하라고 말씀하셨다(눅 10:25-37).

이렇게 보면 신앙은 앎을 포함하면서도 실천에 옮겨질 때 완전해진다. 그래서 신학의 내용은 실천을 통해 입증된다. 대부분의 크리스천에게 있어 신앙은 실천을 통해 풍부해지며 그 내용이 신학의 문제로 해명되는 것이다. 말하자면 신앙은 앎과 실천을 함께 지니는 것이다. 아는 바가 없으면 불완전한 신앙이 되고 실천이 없으면 죽은 신앙이 된다.

나 같은 사람은 알고 가르치기는 하나 실천에서 뒤지고, 대부분의 사람은 행동에 치우쳐 자기가 무엇을 믿고 있는지 깨닫지 못하곤 한다. 따라서 신학(앎)으로 출발한 사람은 실천에서 신앙의 열매를 얻어야 하고, 실천에서 시작한 사람은 (신학자가 되라는 것은 아니지만) 신학적 신념과 인생관을 갖출 수 있어야 한다.

신학으로 시작해 신앙을 통해 실천으로 나아가는 이들도 있지만, 실천에서 시작해 신앙을 거쳐 신학으로 가는 길도 열어놓아야 한다. 신학과 신앙과 실천, 이 셋이 공존하면서 성장·발전해가는 것이 신앙의 정상적인 길이다. 신학의 학문성에 치우쳐 신앙을 버리는 사람이 되어서는 안 된다. 예수 당시에 서기관과 율법학자들이 그런 과오를 범했다. 그런가 하면 교리적인 실천에 매달려 신앙을 생명 없는 행동규범으로 얽매어도 안 된다. 제사장들과 바리새파 지도자들이 참 신앙을 거부한 이유도 거기에 있었다.

나는 중세기의 두 위대한 인물을 존경한다. 교회에서는 두 사람을 성자로 부른다. 한 사람은 아우구스티누스Augustinus이며 다른 사람은 아퀴나스T. Aquinas이다. 나는 둘 중에 아우구스티누스를 더 가까이 느끼고 있다.

토마스 아퀴나스는 훌륭한 신학자이다. 아마 최근 우리 주변에서 사용하는 개념을 따른다면 그는 철학적 신학자이다. 그러나 아우구스티누스는 신앙의 내적 체험에서 기독교 정신을 이끌어낸 인물이다. 아퀴나스를 철학적 과제를 해결해준 신학자라고 한다면, 아우구스티누스는 인간적 과제를 해결해준 신학자로 보는 것이 적절할 것 같다.

우리는 대부분 그 두 부류에 속하는 신앙 중 하나를 택한다.

기독교, 아직 희망이 있는가

그러나 완전한 신앙은 그리스도와의 인간적·인격적 체험에서 출발하기 때문에 이 두 가지 요소를 공유하도록 되어 있다.

다시 앞의 이야기로 돌아가보면, 아주 소박한 친절과 사랑을 나누어준 한 외국인으로서의 한국인이 신학을 겸비한 선교사를 탄생시키는 밑거름이 되었다. 이 이야기를 통해 그리스도 안에서는 모든 것이 하나가 되는 은총으로 신앙이 완전해진다는 사실을 깨닫게 된다.

신앙적 양심을 갖고 산다는 것

세상 사람들은 정의로운 투쟁을 통해
사회악과 싸우고 있다.

그러나 우리는 거기에 더해 사랑과 봉사의 정신으로 무장해
역사악을 극복할 수 있어야 한다.

마침내는 사랑이 정의를 완성시키며
봉사가 투쟁의 차원을 넘어선다는 것을
입증할 수 있어야 한다.

최근의 사회와 역사적 현실을 바라보며 양심적인 개인과 비도덕적인 사회를 생각지 않을 수 없다. 크리스천조차 그런 생각을 하지 않는다면 우리 민족의 장래가 어떻게 되겠는가. 이런 생각을 할 때마다 나는 두 정신적 지도자를 기억에 떠올리곤 한다. 세대의 차이는 있어도 이 두 분은 민족적 사안과 직간접적으로 관련된 인물이기 때문이다.

한 사람은 도산 안창호 선생이다. 나는 어렸을 때 그분을 뵈었고 또 두 차례나 직접 강연을 들었기 때문에 더욱 잊을 수가 없다. 그는 우리보다 더 어려운 시대를 살았다. 정의와 도덕성이 무너진 일제강점기를 양심껏 살다가 사회악의 제물로 사라진 분이다. 비도덕적인 사회에 살면서 외롭게 양심을 지키다가 해방도 보지 못하고 세상을 떠났다. "죽더라도 거짓말은 하지 말라"고 외치던 음성이 아직도 내 심중에 남아 있는 것 같다.

또 한 사람은 도산의 후배이자 친구였던 고당 조만식 선생이다. 사람들은 그를 한국의 간디라고 부르기를 서슴지 않는다. 가장 간디와 흡사한 생애를 살았다. 그도 우리 역사에서 가장 비도덕적이며 반인륜적인 공산치하에서 생애를 마감했다. 도산은 옥중에서 병을 얻어 세상을 떠났으나 고당은 공산당에 의해 피격을 당해 우리 곁을 떠났다.

고당이 고려호텔에 갇혀 있을 때 부인이 마지막 면회를 갔다.

그는 부인에게 준비해두었던 흰 봉투를 건넸다. 그러고는 더 찾아올 필요도 없고 또 찾아오는 일도 어려울 테니 이것을 가지고 돌아가 어린 것들을 이끌고 38선을 넘어 서울로 가라고 타일렀다. 그리고 그는 한국전쟁을 겪으면서 공산군 장교에 의해 피살당했다. 물론 공산정권의 소행이었다.

후에 고당의 서거 사실을 알게 된 그의 가족과 친지들이 그 봉투 속에 들어 있던 머리카락으로 장례식을 치렀다. 그의 시신을 찾을 길이 없어 머리카락이 유일한 유품이 되었다. 그도 역시 자신의 양심을 갖고 반인륜적인 공산정권과 싸우다가 일생을 마쳤다.

여기서 우리가 주목해야 할 것은 두 분 다 철저한 크리스천이었다는 사실이다. 고당의 대명사는 '장로'로 알려져 있다. 그를 아는 사람들은 조만식 장로로서의 그의 인품을 사모했다. 도산도 마찬가지이다. 내가 두 차례 강연을 통해 받은 인상은 그는 교회의 목사님들보다도 신앙적이었다는 점이다. 여러 사람을 대했기 때문에 자신의 신앙을 일일이 밝힐 필요는 없었겠으나 그의 양심을 지켜주고 뒷받침해준 것은 그의 신앙심이었다. 고당은 스물두 살 때, 머리를 깎고 숭실중학교를 찾아갔을 때부터 평생을 신앙으로 일관하였다.

이렇게 볼 때 뜻있는 사람은 양심적인 개인으로서 비도덕적인 사회를 고민하지 않을 수 없고, 크리스천은 양심적인 신앙인으로서 사회악의 과제를 생각지 않을 수 없다.

오늘날과 같이 사회악이 팽배한 세상에 살수록 크리스천은 그 엄청난 사회악에 대하여 '나는 그리스도 앞에서 어떤 의무와 책임을 감당해야 하는가'를 묻지 않을 수 없다. 그것이 주님의 엄정한 요청이기도 하기 때문이다.

구약의 많은 지도자가 그런 사회에 살았다. 초대교회로부터 오늘날에 이르기까지 부르심을 받은 그리스도인들은 말없이 그 뜻을 지켜왔다. 물론 예수께서는 그런 삶의 모범을 남겨주셨다.

그렇다면 신앙적 양심을 갖고 산다는 것은 무엇을 뜻하는가.

반사회적이고 비도덕적인 집단세력 때문에 희생당하고 있는 이웃과 국민의 고통에 참여할 수 있어야 한다. 그런 사람들이 우리 주변에는 너무 많이 있다. 자유를 짓밟히고 행복을 유린당하는 사람들이다. 북한의 동포들이 그런 고통에서 벗어나지 못하고 있으며, 조선족과 외국인 노동자들이 인간 이하의 대우를 받고 있다.

잘못된 정치세력, 이기적인 경제집단, 국민을 출세와 명예의 방편으로 이용하는 자칭 지도자들에 의해 소외당하는 이웃이 적지 않다. 크리스천이라면 그들과 함께하는 양심적인 동참의식이 있어야 한다. 예수께서도 "우리가 너희를 향하여 피리를 불어도 너희가 춤추지 않고 우리가 슬피 울어도 너희가 가슴을 치지 아니하였다 함과 같도다"(마 11:17)라고 말씀하셨다. 그런 사람들은 인간적인 공감이 없기 때문에 신앙적 참여도 할 수 없다고 지적하셨다.

또 크리스천들은 양심적 신앙과 주님께서 베푸시는 사랑의 가르침을 교훈 삼아 사회악을 저지르는 상황에 대응할 수 있어야 한다. 세상의 아들들도 양심과 지혜를 갖고 용감하게 사회악에 항거하고 있다. 크리스천들은 더 굳건한 신앙과 하나님 사랑의 은총으로 역사악에 대항하는 의무를 지니고 있다. 세상의 아들들은 외로운 싸움을 전개하고 있다. 그러나 우리는 하나님 편에서 그리스도와 함께 구원의 역사에 뛰어들고 있다. 주께서 주신 사랑을 그들에게 나누어줄 책임을 지고 있는 것이다.

세상 사람들은 정의로운 투쟁을 통해 사회악과 싸우고 있다. 그러나 우리는 거기에 더해 사랑과 봉사의 정신으로 무장해 역사악을 극복할 수 있어야 한다. 마침내는 사랑이 정의를 완성시키며 봉사가 투쟁의 차원을 넘어선다는 것을 입증할 수 있어야 한다. 교회가 사회 속에 있는 것도 그 때문이며 크리스천이 누룩의 역할을 담당하는 것도 같은 이유이다.

이때 우리는 항상 최악의 사회와 역사적 사건 속에서 최후의

기독교, 아직 희망이 있는가

승리를 약속해주신 그리스도의 정신을 잊어서는 안 된다. 그것은 주님의 십자가를 통해 완성된다. 그래서 십자가는 희생을 통한 승리의 상징이 되었다.

그리고 지금은 우리 모두가 우리에게 주어진 십자가를 지도록 되어 있다. 주께서는 우리가 감당할 수 있는 십자가를 주신다. 그것은 외면해서는 안 되는 십자가이다. 진실을 위해서, 정의를 위해서, 영원한 것을 위해서, 이웃의 행복과 생명을 위해서, 마침내는 이루어져야 할 하늘나라를 위해서.

인생에서 가장 중요한 것

사람들이 아직도 자신의 인생이
오래 남아 있다고 생각하는 동안에는
인생의 참된 의미를 깨닫지 못한다.
이 중사 역시 죽음을 앞에 둔 절박한 순간에
인생의 참된 의미를 깨달았다.

인생에서 가장 소중한 것은
사랑과 봉사를 실천하는 것임을 깨달은 것이다.
그것이 바로 그리스도께서 우리에게 주신 교훈이다.

지금 사건의 연도는 잘 기억나지 않는다. 경상북도 안동시 부근에서 있었던 사건이다. 이○○라는 한 젊은이가 고아원에서 자랐다. 18세가 되면서 이 군은 규정에 따라 고아원을 떠나게 되었다.

고민 끝에 이 군은 육군에 입대하기로 했다. 군에 머물면서 사회로 진출하는 것보다 직업군인으로 남는 편이 좋겠다는 생각을 굳혔다.

여러 해를 보내는 동안 중사직까지 승진하게 되었다. 그러나 세월이 지날수록 이 중사는 자신 혼자뿐이라는 고독감과 사회에 대한 불만과 원한이 쌓여갔다. 군에 대한 불만보다 자기 신세에 대한 원망스러움이 더 커지기 시작했다.

어느 날, 이 중사는 실탄 사격 연습을 나갔다가 부피가 커서 숨길 수 없는 소총 대신 수류탄을 몰래 훔쳐 두 개의 군복 주머니에 넣은 뒤 탈영했다. 몸을 의탁할 곳도 없고 찾아갈 집도 없는 이 중사는 사람이 많이 다니는 안동 시내로 들어갔다.

막걸리를 마시고 취한 이 중사는 거리를 거닐다가 마침 영화 관람을 끝내고 거리로 쏟아져 나오는 청중을 보았다. 문화극장 정문 앞이었다. 자신도 모르게 흥분한 이 중사는 결국 울분을 참지 못해 '에이 이놈의 세상, 너희들은 모두 즐겁고 행복하게 사는데 나는 무엇이냐'며 수류탄 하나를 군중 속에 집어던져 폭파시켰다.

그 결과 몇 사람의 사상자를 내고 사회를 놀라게 하는 뉴스로 전국에 전파되었다. 당시를 기억하는 사람들은 그때의 충격을 잊을 수 없을 것이다. 이 중사는 구속되고 군사재판에 회부되었다. 물론 사형선고를 면할 수 없었다. 직속상관들이 문책을 받아 해임되고 사단장까지 물러났던 것으로 기억한다.

군 교도소에 수감된 이 중사는 운명의 종말을 허탈함 속에 맞아야 했다. 그의 상황을 딱하게 여기고 그를 위로해주는 사람도 없었다. 이미 죄수가 되었기 때문에 면회를 오는 이도 없었다. 이때 그를 찾아준 사람은 군 교도소에서 교정선교 사역을 하는 군목이었다.

군목이 이 중사를 위해 기도드리는 심정으로 몇 차례 만남을 시도했으나 이 중사의 생각은 굳을 대로 굳어 있었다. 조용히 혼자 죽음을 맞이하고 싶으니 내버려두라고 했다. 이미 모든 운명은 결정되었다고 생각했던 것이다. 이 중사를 위해 기도를 드리며 그의 영혼을 구하는 데 정성을 쏟았던 군목이 다시 이 중사를 찾아갔다.

군목은 이 중사에게 "이 중사, 지금 당신이 이렇게 된 것은 당신 혼자만의 잘못이 아니라 우리 모두의 잘못입니다. 당신은 지금 우리 모두의 죗값을 홀로 짊어지고 가는 것입니다. 먼저 나와 우리의 잘못과 죄를 용서해주세요"라고 말했다.

기독교, 아직 희망이 있는가

이 중사는 "왜 목사님 잘못입니까? 이 책임은 저에게 있습니다"라고 대답했다.

목사는 다시 "당신은 이 세상에 태어났을 때부터 누군가의 사랑을 받아야 했습니다. 그리고 당신도 누군가를 사랑했어야 했습니다. 그런데 당신을 사랑해주지 못한 잘못과 죄는 우리의 것입니다. 나라도 진심으로 당신의 친구가 되었어야 했는데 그 책임을 감당하지 못했습니다"라고 고백했다. 목사의 눈에서는 눈물이 쏟아졌다.

목사의 손을 잡은 이 중사는 "목사님, 맞습니다. 저는 이 세상에 태어나 지금까지 누구의 사랑도 받지 못했습니다. 저도 누구를 사랑할 줄 몰랐습니다. 제가 진심으로 사랑하는 사람이 있었다면 그 사람을 위해서라도 이런 죄를 저지르지는 않았을 것입니다. 그러나 이제는 모든 것이 끝났습니다. 저에게는 주어진 시간이 없습니다"라면서 울기 시작했다.

목사는 다시 "이 중사! 우리는 당신을 사랑하지 못했지만 과거에도 당신을 사랑하셨고 지금도 당신을 사랑하시며 앞으로도 당신의 영혼을 사랑해주실 분이 있습니다. 이제는 그분에게로 가십시다!"라고 간곡히 호소했다.

이 중사는 "그가 누구입니까?"라고 물었다.

목사는 "당신을 사랑하시는 하나님 아버지십니다"라고 말했다.

잠시 생각에 잠겼던 이 중사는 간곡히 부탁했다.

"목사님! 저를 그분에게 안내해 주십시오. 저는 갈 곳이 없지 않습니까"라고.

두 사람은 함께 울었다.

이렇게 해서 이 중사는 교도소 안에서 세례를 받고 성경을 읽으며 기도드리는 시간을 갖기 시작했다. 목사는 그 일을 도왔다.

사형집행이 가까워지고 있던 어느 날, 이 중사가 목사에게 간청했다.

"저는 이 세상에 태어나서 한 번도 남을 위해 도움을 준 일도 없고, 사랑을 나누어 준 바도 없습니다. 제가 듣기로는 눈이나 신장과 같은 장기를 기증할 수 있다고 하는데, 할 수 있는 대로 제 장기를 다 주고 가면 좋겠습니다. 목사님께서 도와주셨으면 합니다."

군의관을 통해 사정을 알아본 목사는, "여러 경우를 알아보았습니다만, 처형은 총살로 집행되기 때문에 다른 장기는 어렵고 눈은 기증이 가능하답니다"라고 설명해 주었다.

얼마 후, 이 중사는 사형을 받게 되었다. 목사와 군의관이 입회한 장소로 이 중사가 조용히 다가왔다. 목사는 이 중사에게 마지막 시간이 되었는데 남기고 싶은 유언이 없느냐고 물었다. 이

기독교, 아직 희망이 있는가

중사는 안과 군의관님이 오셨느냐고 물었다. 안내를 받은 이 중사는 군의관의 손을 붙잡고, "군의관님, 저는 육신의 눈은 뜨고 있었지만 마음의 눈은 뜨지 못했기 때문에 이렇게 큰 죄를 짓고 갑니다. 제 눈을 갖게 된 사람은 육신의 눈도 뜨고 마음의 눈도 떠서 제가 못다 한 사랑을 대신 나누어 달라고 부탁해 주십시오"라고 말했다.

목사는 "다른 유언은 없습니까?" 하고 물었다. 이 중사는 "없습니다. 제가 목사님과 부르던 찬송 2절까지 부르고 3절로 넘어갈 때 눈을 감았으면 좋겠습니다"라고 말을 맺었다.

이 중사는 그 절차대로 죽었다.

내가 만났던 사람은 그 군목이 아니고 안과 군의관이었다.

군의관은 나에게 "그렇게 착하게 조용히 죽음을 맞이하는 사람은 처음 보았습니다"라고 말했다. 얼마의 세월이 지난 뒤, 이 사건을 잘 아는 다른 군목이 그 사실들을 확인해 주었다.

사람들이 아직도 자신의 인생이 오래 남아 있다고 생각하는 동안에는 인생의 참된 의미를 깨닫지 못한다. 이 중사 역시 죽음을 앞에 둔 절박한 순간에 인생의 참된 의미를 깨달았다. 인생에서 가장 소중한 것은 사랑과 봉사를 실천하는 것임을 깨달은 것이다. 그것이 바로 그리스도께서 우리에게 주신 교훈이다.

참된 목회는 인간 이해에서 나온다

인간을 사랑한다면
인간을 알고 이해하는 책임을
소홀히 해서는 안 된다.

인간을 깊이 아는 사람이 한 인간을
하나님의 자녀로 안내할 수 있다.

오래전에 있었던 일이다.

지방에서 교편을 잡고 있다가 서울로 근무지를 옮겨온 한 중학교 교사가 나를 찾아왔다. 그는 상당히 심한 신경증 환자 같았다. 자신도 그것을 인정하고 있던 터라 병원치료를 받고 싶은데 병원비도 구하기 어렵고 도움을 받을 가족도 없어서 어떻게 하면 좋을지 모르겠다고 걱정했다.

나도 특별한 방도가 없어 연세대 의과대학의 이병희 학장에게 좋은 방법이 없겠냐고 물어보았다.

내 이야기를 들은 이 학장은 세브란스에서는 무료진료가 안되니 국립병원에 문의해 주겠다고 약속했다. 청량리정신병원의 책임자가 바로 이 선생의 제자였기 때문에 무료로 진찰과 치료를 받을 수 있는 길이 열렸다. 나는 좋은 결과가 있기를 기다리면서 일단 마음을 놓았다. 그리고 몇 달이 지났다.

어느 날 늦은 밤에 전화가 왔다. 약간 취기가 느껴지는 어른의 목소리였다.

"당신이 연세대학교의 김형석 교수입니까?"

"예."

"이병희 박사님을 통해 교사 환자를 소개한 일이 있으시지요? 나는 그 환자를 치료할 수 없으니까 도로 찾아 맡으십시오."

"환자의 병이 그렇게 중태입니까?"

"중태이기도 하고요. 그 환자는 하나님을 버려야 병이 낫겠는데 버릴 수가 없답니다. 그래서 누구 때문에 믿게 되었느냐고 물었더니 김 교수의 전도를 받았다는 것입니다. 그 환자에게서 하나님을 믿지 못하게 한 후에 다시 보내십시오."

그 의사는 몹시 불만스러운 언사를 드러냈다.

"죄송합니다"라는 대화가 오갔다.

여러 날 뒤에 그 교사를 만났다. 그에게 어느 교회에서 어떤 신앙생활을 하는지 물어보았다. 그의 대답을 듣고 나자 저간의 사정이 이해됐다.

그 교사는 하숙집 가까이 있는 한 교회에 다녔는데, 담임목사가 그에게 대단히 열성적인 신앙생활을 요구했다고 한다.

매일 새벽기도회에 나올 것, 하루에 최소한 두 장씩 성경을 읽을 것, 아침과 저녁에 30분씩 기도를 드릴 것, 주일에는 새벽예배, 오전 성경공부, 주일예배에 참석하며 봉사할 것, 저녁예배에도 빠지지 말아야 하며 수요예배에도 나올 것, 구역예배에도 참석하며 그때마다 헌금할 것, 월정 헌금과 십일조 헌금도 게을리 하지 말 것 등의 요청이었다.

어떤 때는 그렇게 할 것을 하나님께 맹세하겠느냐고 묻고 대답을 요구했다. 이 교사도 거절할 수 없어 손을 들고 맹세를 했다. 또한 지키지 못했을 때는 용서를 비는 기도를 드려야 했다.

기독교, 아직 희망이 있는가

나는 그 교사의 이야기를 듣고 당분간 교회를 중단하든지 다른 교회로 옮기는 것이 좋겠다고 충고했다. "당신은 지금 환자입니다. 교사로서의 책임도 무거운데 교회 짐까지 지게 되면 도저히 건강을 유지할 수 없을 것입니다. 만일 다른 교회로 가기를 원한다면 내가 아는 목사님께 소개해 주겠습니다" 하고 약속했다. 지인 목사님에게 그가 위로를 느끼고 편안한 마음을 갖도록, 그리고 교회 참석이 부담이 되지 않도록 해달라고 부탁하고 싶었다.

또 그에게 "교회에 나가는 것을 중단하더라도 충분히 수면을 취하며 혼자서 성경을 조금씩 읽고 편한 마음으로 짧게, 그러나 정성스러운 기도를 드리면서 위로와 평강을 얻으면 됩니다"라고 이야기했다.

그리고 "의사 선생님의 지시나 당부를 꼭 지켜야 합니다. 또 하나님은 당신을 사랑하시기 때문에 당신이 무거운 짐을 지기 바라지 않으십니다"라는 말도 덧붙였다.

얼마 후 나는 대학의 학생상담소 일을 맡게 되었다.

그때 나를 도와주던 세브란스의 정신과 의사에게 그 이야기를 했다. 내 이야기를 들은 정신과 의사는 "저도 교회에 나가고 있습니다. 그런데 놀라운 사실은 우리 과에서 취급하는 정신과 환자의 반 이상이 종교적 신앙과 연계돼 있다는 점입니다. 국립병원의 원장이 그런 불만을 토로하는 것도 이해하지 못할 일은 아닙니다.

더구나 교회생활을 하지 않는 의사라면 그럴 수 있을 것입니다"
라고 설명해 주었다.

내게 전화를 했던 의사는 환자를 위하고 아끼는 마음에서 책
임지지 않고 전도하는 나와 일부 크리스천들에게 항의하고 싶었
던 것이다.

그런 일을 겪으면서 나는 프로이트S. Freud의 학설과 주장에
깊은 관심을 갖게 되었다. 내 친구이자 신학자였던 서남동 교수는
늦게 미국에 가서 프로이트를 공부하면서 지금까지의 신학이 허
구였다는 사실을 알게 되었다고 고백한 적이 있다. 인간을 모르면
서 신앙을 요구했던 과거의 목회생활과 신학 교수로서의 강의가
너무나 천박하게 느껴졌다는 것이다.

앞의 교사가 다녔던 교회의 목사 역시 적어도 인간이 지니고
태어난 잠재의식과 무의식의 위력이 얼마나 강하게 의식세계를
지배하고 있는지 알았다면 교우들을 억압하거나 오도하지는 않
았을 것이다.

목사들이 심리학을 공부하고 프로이트의 정신분석학을 상식
으로라도 터득한다면 수많은 신도에게 안식과 평안을 베풀어줄
수 있을 것이다.

성경을 읽어보면 예수께서는 환자를 치유할 때 꼭 세 가지를

기독교, 아직 희망이 있는가

이뤄 주셨다. 질병의 치유, 정신적 위로와 안식, 그리고 믿음에 따르는 신뢰와 희망의 회복이다. 예수님은 인간을 아셨기 때문에 그렇게 하셨다. 인간을 모르면서 교리만을 강요했던 서기관, 율법학자, 제사장을 책망하셨다. 인간을 이해하는 의사였던 주님은 제자들과 함께 육체는 물론 정신과 영혼의 병을 치료해 주셨다.

우리도 인간을 사랑한다면 인간을 알고 이해하는 책임을 소홀히 해서는 안 된다. 인간을 깊이 아는 사람이 한 인간을 하나님의 자녀로 안내할 수 있는 것이다.

양심과 신앙의 연결점에 '인간애'를 두다

양심과 신앙이 충돌을 일으킨다면 그것을 해결하는 기준은
'인간에 대한 사랑'이 되어야 한다.

신앙이 인간애를 통해 양심과 도덕을 더 높일 수 있으며
그것이 사화의 선한 질서를 뒷받침할 수 있다면
신앙은 현대사회에서도 희망을 안겨줄 수 있을 것이다.

법을 어기는 사람들을 범죄자라고 말한다. 따라서 법이 많을수록 범죄자 수가 늘어날 수밖에 없다. 1년에도 전과자 수가 몇십만 명씩 생긴다. 그래서 세월이 지나면 사면을 하거나 법원에서 그 기록을 말소시키기도 한다.

우리 주변에는 법을 공부했다는 이유로 법을 모르는 사람을 이용해 괴롭히는 사람들이 적지 않다. 그래서 변호사의 수가 늘어나는지도 모르겠다. 선진국에서는 그 정도가 더 심각해지고 있다.

그런데 때로는 주어진 법을 알면서도 불법을 감행해야 하는 경우가 생긴다. 악법도 법이라고는 하지만 모두가 악법에 순종한다면 우리 사회는 어떻게 되겠는가. 물론 악법 자체가 용납되지 않아야겠지만….

불법인 줄 알면서도 법을 어기는 사람들이 있는 것은 도덕의 기준이 되는 양심을 법보다 소중히 여기는 까닭이다. 인도의 간디Gandhi는 인도인을 대표하는 양심을 갖고 한평생 영국의 법과 투쟁해왔다. 영국의 법관이 간디에게 실형을 선고하면서도 간디의 양심을 더 높이 평가한 것에서 그 사실을 확인할 수 있다. 법은 사회와 국가에 따라 다를 수 있어도 양심은 인류의 공통된 가치 기준이 될 수 있기 때문이다.

양심이 법 위에 있다고 믿는 것은 어떤 면에서 사회를 위하는 길이기도 하다. 도산 안창호 선생을 비롯한 수많은 애국자와 민주주의 수호자가 법보다 양심을 믿고 따랐다. 최근에도 양심수라는 말과 개념이 자주 등장하곤 한다. 양심수들은 법보다 양심에 복종하는 것이 인간의 도리라고 믿는다.

이와 관련해 전 세계적으로 벌어지고 있는 문제 중 하나가 양심에 따라 병역을 기피하는 행위이다. 사회는 그들을 범법자로 징계하려 하지만, 당사자들은 '양심은 법을 초월한다'고 생각한다.

만일 그렇게 되어 양심을 위해 불법을 저지르는 사람이 더 많아지면 그 사회는 어떻게 되겠는가? 그런 갈등과 혼란을 해결하는 방법은 없는가?

법과 양심의 중간에 '선한 질서'를 두고 판단하는 것이 하나의 해결책이 될 것 같다. 아무리 좋은 법이라고 해도 사회의 선한 질서를 해치거나 파괴하는 법은 용납될 수 없다. 또 아무리 자신은 양심에 따르는 행동이라고 해도 그 행위가 사회의 선한 질서를 해치거나 파괴하는 처사일 때는 정당화될 수 없다.

법은 사회의 질서를 유지·증진시키기 위해 존재하며 양심은 법을 초월해 사회의 선한 질서를 높여주기에 가치가 있다. 질서는 공동선의 가치를 지니고 있기 때문이다. 사회 공동선을 해치는 법은 옳지 못하다. 또한 개인의 양심적 행동도 사회 공동선을 해쳐서는 안 된다. 많은 사람이 공동선의 정신적 질서 속에 살기 때문이다.

그런데 여기에 또 하나의 문제가 있다. 그것은 양심과 신앙 간의 문제이다. 종교를 믿는 사람들, 그리스도인들 중에도 양심적 판단보다 신앙적 요청과 신념을 더 존중하는 경우가 있다. 그것이 세상 사람들과 갈등을 일으키곤 한다. 사회인은 양심 이상의 판단을 바라지 않으며 인정하려 하지도 않는다. 양심은 신이 내린 도덕적 기준에 속한다고 본다. 그런데 신앙인들은 신의 명령과 뜻은 인간의 양심을 초월하기 때문에 믿음을 따를 수밖에 없다고 주장한다.

옛날 종교로 거슬러 올라갈수록 그 정도가 심하다. 구약의 율법과 계명이 그러하며 이슬람교도들의 교리적 판단도 마찬가지이다. 크리스천 중에도 교리나 전통적 가르침을 양심 이상으로 여기는 사람들이 많이 있다. 그 결과로 종교가 사회적으로 비난을 받기도 하며 심지어 미신적 요소로 배척받기도 한다. 선진사회보다 후진사회로 갈수록 그 갈등은 더욱 심각하다.

그렇다면 이러한 양심과 신앙의 관계는 어떻게 해결할 수 있을까? 양심적인 사람도 받아들일 수 있고 신앙인도 인정할 수 있는 어떤 연결점은 없는 것일까?

양심과 신앙의 연결점에 인간애를 두면 좋을 것 같다. 내 양심적 판단이 인정받을 수 있다는 것은 내 이웃을 사랑하는지 여부에 따라 평가될 수 있다는 뜻이다. 사랑이란 위하는 마음과 행동이다. "네 이웃을 네 자신과 같이 사랑하라"(마 22:39)는 예수님의 가르침이 바로 그것이다. 모든 양심의 궁극적인 목표는 거기에 있다. 아무리 양심적이라고 호소해도 다른 사람을 수단과 방편의 대상으로 삼는다든지 이웃에게 피해와 고통을 준다면 그것은 양심적일 수 없다. 이기적인 욕망을 양심으로 둔갑하는 일에 지나지 않는다.

그것은 신앙도 마찬가지이다. 내가 믿는 신앙이 귀하고 최선이라고 해서 다른 사람을 불행으로 이끌며 고통을 준다면 그것은 참 신앙이 아니다. 그런 신앙은 양심을 따르는 사람들로부터 버림을 받을 수도 있다. 지성인과 인도주의자가 종교를 경원시하는 이유가 거기에 있다.

우리는 인간애라는 폭넓은 개념을 쓰고 있다. 그러나 유교에서 말하는 인仁이나 불교의 자비심도 인간애를 지칭하는 것이다. 말하자면 종교적 신앙의 기반 역시 사랑이다. 이웃과 인간에 대한 사랑이다. 사랑이 있으면 도덕과 신앙 모두 긍정적 평가를 받는다. 그러나 인간애에 위배되는 양심이나 인간애를 거부하거나 반反인도주의적 신앙을 요청하는 신앙은 용납될 수 없다. 인간 목적관과 인간애의 정신은 모든 도덕과 종교의 공통된 목표와 이상이다.

종교적 신앙이 정신적 가치 면에서 높은 위상을 차지하려면

기독교, 아직 희망이 있는가

이웃과 인간에 대한 의무와 봉사 정신이 양심이나 도덕적 기준보다 우위에 있을 때 가능하다. 신앙이 인간애를 통해 양심과 도덕을 더 높일 수 있으며 그것이 사회의 선한 질서를 뒷받침할 수 있다면 신앙은 현대사회에서도 희망을 안겨줄 수 있을 것이다.

따라서 양심이 법보다 우위에 있다면 신앙은 양심을 포괄하면서도 초월해 있는 것이다.

공부하는 교회, 공부하는 목회자가 되기를

공부하는 교회가 박수하는 교회보다 희망적이며,

진리를 가르치는 교회가 교리를 강조하는 교회보다

기독교적임을 인정해야 한다.

예수의 교훈은 일반 대중을 위한 복음이기도 하지만,

학자나 사상가에게도 희망과 구원을 주는 복음이기 때문이다.

나는 6남매의 장남이다. 부친은 경제적으로 무능한 편이었고 집안은 몹시 가난했다. 할 수 없이 중고등학교를 졸업한 뒤 초등학교 교사가 되었다.

어느 날, 부친은 나에게 이런 말을 했다.

"두 마리의 쥐가 있는데, 한 마리는 뒷간에서 자랐기 때문에 자기도 모르게 더러운 것을 먹고 컸다. 다른 한 마리는 곳간에서 자라서 자연스럽게 곡식을 먹고 컸다. 나는 아버지로서의 책임은 다하지 못하고 있으나, 너는 하나님께서 도와주실 수도 있으니 더 늦기 전에 대학에 가도록 해봐라."

그 말에 용기를 얻어 일본으로 유학을 떠났다. 결과적으로 잘한 선택이었다.

1970년대 중반에는 이런 일이 있었다.

나는 미국에서 서울로 돌아오다가 도쿄 하네다 공항에서 꽤 긴 시간을 머물게 되었다. 갈아탈 비행기가 연착했기 때문이다.

네 사람의 중년 부인들이 반기면서 내 앞자리로 다가와 앉았다. 그중 세 사람이 내 제자였다. 인사와 소개를 나누고 나는 자연히 그들의 대화에 귀를 기울이게 되었다. 모두가 미국에서 직업을 갖고 거주하고 있어서 미국생활이 어떤지 궁금하기도 했다.

긴 기다림이 끝난 뒤 우리는 서울행 비행기를 탔다. 내 자리는 그녀들과 떨어져 있어 자연스레 헤어지게 되었다. 나는 딸이 넷이나 있는데 그들이 어떤 남편을 만나게 될까 걱정이 되었다. 방금 헤어진 여성들이 결혼 상대를 선택한 대로 자신들의 생애가 결정었음을 보았기 때문이다.

그중 한 부인은 남편과 상점을 운영한다고 했다. 심한 경쟁을 뚫고 성공한 셈이다. 그러나 교양이나 지적 수준은 그다지 높아 보이지 않았다. 수입과 돈을 자랑삼는 모습에서 그의 인품이 그대로 드러나 보였다. 또 다른 부인은 남편이 외교관이고 자기는 유명하지는 않지만 한 지방대학의 교수로 있다고 했다. 말과 행동에서 정돈된 인품과 교양 있는 모습이 엿보였다. 그대로 10년쯤 세월이 지나면 두 가정의 방향은 더 달라질 것이다. 행복의 내용에도 차이가 날 것이라는 생각이 들었다.

남자도 그렇지만 여성 역시 결혼 상대에 따라 일생이 달라진다는 것을 실감했다. 역시 소중한 선택의 결과였다.

최근에 있었던 일이다.

나는 강남에 있는 큰 교회의 중고등학교 성경반 교사들을 대상으로 강연의 연사로 초청을 받았다. 대부분의 교회 행사가 그러하듯이 짧게 예배를 드린 후에 내가 강연을 하도록 되어 있었다.

먼저 입장해 정해진 자리에 앉았다. 주일학교 선생의 수만도 보통 교회의 교인 수만큼 많았다. 몇몇 선생들이 찾아와 인사를 했다. 대학 때 제자들이었다.

예배시간이 끝나고 내가 맡은 강연도 끝났다. 나는 가까운 제자들과 작별하고 귀로에 올랐다. 그때 한 선생이 찾아와 "교수님, 고맙습니다"라고 감사인사를 하더니 "저는 여러 해를 교회에서 보냈고 지금은 고등학생들에게 성경을 가르치고 있습니다. 주로 목사님들에게서 듣고 배운 것을 전달해 주곤 했습니다. 그러다가 오늘 교수님 말씀을 듣고 나니까, 교회 밖에 더 고귀한 진리의 말씀이 있었구나, 하고 처음으로 놀라움과 부끄러움을 느꼈습니다. 수십 년의 세월 동안 변화도 발전도 없이 교회에서 보냈다는 생각을 했습니다"라고 말했다.

교회에서 돌아오는 차 안에서 나는 목사로 있는 내 누이동생이 했던 고백을 떠올려 보았다.

"여러 가지 뜻이 있고 오빠의 권고도 있어서 신학대학을 택했습니다. 졸업 후에는 전도사로 교회를 섬기고 교회기관의 월간지를 만드는 일에도 종사했습니다. 최근까지는 한국에서 가장 오랜 전통과 높은 수준을 자랑하는 교회에서 전도사로 봉사했습니다. 그런데 이상한 것은 신앙이 굳건해진 것은 틀림없는데 지적 성장은 전혀 없었습니다. 어떤 책을 보면 크리스천은 이 논에서 저 논으로 물을 찾아 돌아다니는 물오리가 아니고, 수천수만 리를 날아

지구 저쪽까지 찾아가는 기러기가 되어야 한다고 했는데, 한국 교회에서는 그런 비상이 100년이 가도 불가능할 것 같습니다. 우물 안의 개구리까지는 아니더라도 어떤 때는 흙탕물 연못 속을 벗어나지 못하는 안타까움을 느낄 때가 있습니다."

동생의 말에는 일리가 있다. 지금 내가 다녀온 큰 교회의 주일학교 선생들은 나름대로 보람 있는 일에 동참하고 있다. 만족도 느끼고 감사한 마음도 가질 것이다. 그들 중에는 이제 집사가 되고 권사가 되고 큰 교회의 장로가 되어 사회적으로도 높임을 받게 될 것이다. 그런데 그들이 다른 정신적 영역을 택했다면 그들의 인생은 어떻게 달라졌을까? 역시 선택의 중요성을 실감하게 된다.

내 친구 하나는 S대 철학과를 졸업했다. 지성인으로 살기를 바랐기에 신앙은 생각해 보지 못했다. 그러던 중 한국전쟁 때 서울에 남게 되면서 생명의 위협을 몇 차례 겪어야 했다. 그때 그는 처음 기도를 드렸다. 자신처럼 부족한 사람의 목숨이라도 건져주시면 인생의 새 출발을 하겠다는 약속이었다.

전쟁이 소강상태로 접어들면서 그는 신앙을 가졌다. 주로 기독교 전통으로 시작해 사상을 이어받은 책들을 통해서였다. 성경과 아우구스티누스·아퀴나스·파스칼·키르케고르의 저서를 읽었다. 루터를 비롯해 현대 기독교의 대표적인 사상가들의 저서도 접했다.

후에 그는 기독교 대학의 교수가 되었고 몇 권의 저서와 번역서를 집필했다. 또 종교철학과 기독교 정신을 주제로 한 글도 많이 남겼다. 많은 목회자가 그의 강의를 들었다. 그는 교회생활에 젖어 있지 않았기 때문에 지적으로 높은 수준의 신앙을 갖게 되었던 것이다.

언젠가 숭실대학교의 대학원장을 만난 일이 있다. 그는 나에게 다음과 같은 고백을 했다.

"저는 대학원장으로 자연히 인사위원을 겸하게 됩니다. 처음에는 우리 대학의 전통을 따라 장로교 출신의 교수를 선발했습니다. 그런데 학문의 다양성을 요구하는 학생들의 불만이 높아 교파를 가리지 않고 가급적 장로님들을 초빙했습니다. 그러다가 다른 대학에 비해 학문적 수준을 높여야 한다는 책임을 느껴 세례교인이면 누구나 받아들였습니다. 학문은 신앙적 서열과 별개라고 믿었기 때문입니다. 그런데 요사이는 추천을 받거나 객관적으로 심사해보면 교회 밖의 학자들을 더 많이 모시게 됩니다. 오히려 큰 교회의 장로님들이 교수로는 적합하지 못한 경우가 많았습니다. 교회 일에 시간과 노력을 빼앗겨 학문을 소홀히 하지 않나 하는 의심도 품게 됩니다. 저 자신도 장로로서 크게 반성하게 됩니다."

내 제자들 중에도 교회 일에 열중한 나머지 지적 성장이 더디고 시야와 식견이 좁아진 이들을 여럿 보았다. 지적으로 손해를 입는다기보다 교회 일에 얽매이는 탓에 더 고귀한 신앙을 찾아 누리지 못하기 때문일 것이다.

이런 걱정을 하는 이유는 그것이 바로 교회의 지적 수준이 너무 낮다는 증거이기 때문이다. 그 책임은 누구에게 있는가? 교회 책임자들에게 있다. 천주교의 신부들은 대학원 과정을 밟았고 학문적 수련을 쌓았기 때문에 그다지 문제가 되지 않는다. 개신교에서도 전통 있는 교단의 신학대학 출신들은 지적으로나 학문적으로 수양했기 때문에 지적 수준에 큰 지장을 느끼지 않을 것 같다.

그러나 보수 교단의 일부 교역자나 신앙적 열성만 강조하는 군소 교단의 교역자들 중에는 자신의 정신적 수준이 어느 정도인지를 가늠하지 못하는 이들이 있는 것이 사실이다. 그리고 꼭 같은 열정적인 신앙만 되풀이하기 때문에 교리는 있으나 신학적 근거가 부족한 경우가 많다. 그들의 관심은 경쟁의 대상이 되는 큰 교회, 많이 모이는 교회, 재정적으로 풍부한 교회에 있기 때문에 '어떻게 큰 교회를 만들어 성공하는가'를 목회의 기준으로 삼고 있다. 이런 상황에서 교회는 양적으로는 확장될지언정 질적으로는 저하되기 쉬우며 세상의 지성인들이 교인들의 지적 수준을 앞지르게 된다. 앞으로 국민들의 다수가 대학 출신이 되었을 때 교육수준이 낮은 목회자가 어떻게 정신적·지적 수준이 높은 교인들의 목회를 감당할 수 있을지 우려스럽다.

한마디로 바쁘고 힘들더라도 목회자는 더 열심히 공부해 주기 바란다. 많이 알고 높이 깨달은 사람이 그만한 수준의 교회를 이끌어갈 수 있지 않겠는가. 그리고 좀 더 공부하는 교회가 되었으면 좋겠다. 교우들의 기독교에 대한 인문학적 무지는 지나칠 정도이다. 교리만 배우고 강요당했을 뿐 교회사에도 관심이 없으며 인간문제에 대한 지식도 세상 사람보다 뒤처져 있다.

우리나라에는 독서를 통해 신앙을 얻고 신앙을 높여가는 크리스천이 매우 드물다. 보수적인 대형 교회일수록 독서를 통한 신앙을 발견하기 힘들다. 일본이나 서구사회와는 반대되는 현상이기도 하다.

그래서 사람들은 교회가 필수가 아닌 선택이라는 생각을 하게 된다. 큰 교회보다는 지적 수준을 갖춘 전통 있는 교회, 정신적 지도력을 지닌 목회자가 있는 교회를 바람직하게 여긴다. 공부하는 교회가 박수하는 교회보다 희망적이며, 진리를 가르치는 교회가 교리를 강조하는 교회보다 기독교적임을 인정해야 한다. 예수의 교훈은 일반 대중을 위한 복음이기도 하지만, 학자나 사상가에게도 희망과 구원을 주는 복음이기 때문이다.

크리스천은 세계 어딜 가도 한 형제자매

국적이 달라도 그리스도인의 인생관과 가치관에는
공통성이 있어야 하며,
기독교 사상에는 차이가 있어도 크리스천의 믿음에는
동일한 흐름이 있어야 한다.

그것이 없다면 기독교 신앙은 모래알과 같아서
다른 주의나 사상, 아니면 이해가
다른 공동체에 흡수되어 버리고 말 것이다.

젊었을 때 들었던 이야기가 생각난다. 장로교 초창기의 원로 목사였던 채필근 목사의 이야기이다.

채 목사가 평양에서 멀리 떨어진 시골 교회의 부흥회를 인도하러 가게 되었다. 날이 저물어 신작로가에 있는 한 여관에 들렀다. 옛날에는 주막집이라고 불렸던 단칸방 여관이었다. 저녁을 먹은 뒤 방 아랫목에 자리를 잡고 잠을 청했다.

밤이 깊었는데 한 길손이 그 여관에 찾아온 듯했다. 길손은 방 앞에서 집주인과 이야기를 나누더니 채 목사가 있는 방으로 들어왔다. 방에 밝혀놓은 가물거리는 등잔 불빛만으로는 새로 들어온 손님이 어떤 사람인지 분간하기가 어려웠다.

그 손님은 두루마기를 벗어 벽에 걸어놓고는 피곤한 듯 자리에 누웠다.

채 목사는 윗자리에 누워 있는 손님이 아무래도 믿음직스럽지가 않았다. 혹시 자신의 뒤를 밟다가 따라온 도적일지도 모른다는 의심이 들었다. 그래서 본인은 잠들지 않았다는 사실을 알리려고 일부러 헛기침을 하곤 했다.

그런데 채 목사가 몸을 움직이면 이번에는 위쪽 손님이 '으음' 하는 소리를 냈다. 그 손님도 채 목사가 의심스러워 경계 신호를 보냈던 것이다. 그렇게 잠들지 못하고 서로 감시를 계속하다가 새벽녘에야 겨우 잠이 들었다.

다음날 아침, 집주인이 "손님이 두 분밖에 안 계시니 조반에 겸상을 하십시오"라면서 밥상을 들고 들어왔다. 채 목사와 다른 손님은 세수를 하고 밥상 앞에 마주 앉게 되었다.

그런데 손님이 식사를 하기 전에 식기도를 드렸다. 채 목사도 기도를 드린 뒤, 자신은 ○○교회 부흥회를 인도하러 가는 채필근 목사인데 손님은 누구냐고 물었다. 그 말을 듣고 손님은 "아이고, 인사를 못 드렸습니다. 저는 바로 그 교회 장로입니다. 평양에 볼 일이 있어 갔다가 부흥회를 위해 집으로 돌아가는 길입니다"라고 인사를 했다.

두 사람은 비로소 마음 문을 열고 담화를 나누면서 함께 길을 떠났다는 이야기이다.

그 이야기 끝에 "그 장로는 아주 점잖은 분이에요. 그런데도 모르는 사람이 양복 차림으로 누워 있으니 소도둑놈으로 보였을 지도 모르지요"라면서 웃던 채 목사의 모습이 떠오른다.

그렇다. 우리 크리스천에게 주어진 큰 축복이 있다면 그리스도 안에서 서로 믿을 수 있다는 사실이다. 크리스천끼리도 서로 믿을 수 없다면 어떻게 신앙생활을 할 수 있겠는가. 세계 어디에서 누구를 만나든지 우리는 서로 믿을 수 있기에 그리스도의 제자인 것이다.

1962년 여름, 영국 여행 중에 에든버러의 한 교회에 들어간 적
이 있다. 예배시간이었고 장로교회여서 친밀감을 느끼기도 했다.
예배가 끝난 뒤 옆자리에 앉아 있던 부부가 나에게 인사를 하면
서 바쁘지 않으면 자기네 집에 가 차 한잔 나누자고 청해왔다.

　　그날 나는 객지의 피로와 외로움도 잊은 채 그 부부의 집에서
즐거운 시간을 가졌다. 지금 생각해도 그 부부의 친절은 그리스도
안에서 나눈 잊지 못할 사랑의 교제였다.

　　세계 곳곳을 다녀보면 크리스천은 어디에 가도 혼자가 아님
을 확인할 수 있다. 그리스도와 함께 있고 형제자매와 더불어 있
기 때문이다.

　　또 하나는 E여자대학교에 있던 친구 목사로부터 들었던 이야
기이다.

　　영국의 두 과학자가 원주민들만 살고 있는 오지를 찾게 되었
다. 숲속 길을 더듬어갔더니 마주 보이는 언덕 위에 십자가가 달
린 작은 교회당이 보였다.

　　한 사람이, "크리스천들의 열성은 우리 과학자들보다 강했던
것 같아. 이런 곳에 교회가 세워진 것을 보면…"이라고 말했다.

　　그들이 교회 앞까지 갔을 때 교회당 안에서 3, 4명의 원주민이
뛰어나오면서 그들에게 반가이 인사를 했다. "어떻게 예고도 없

이 여기까지 찾아주셨습니까?"라면서 황송해하는 태도를 보였다. "어서 들어오십시오"라고 안내하는 표정이 과학자인 자신들을 선교사로 착각하는 것 같았다. 원주민들은 백인을 모두 선교사로 알고 있는 모양이었다.

그 기미를 눈치 챈 과학자가 이렇게 말했다.

"우리는 선교사도 아니고 크리스천도 아닙니다. 당신들이 믿는 하나님을 믿지도 않습니다. 생물학을 연구하는 과학자일 뿐입니다."

그 이야기를 들은 원주민들은 놀라움을 금치 못했다. 그리고 어떻게 대할 바를 몰랐다. 과학자들을 큰길까지 안내해준 한 원주민이 과학자에게 말했다.

"우리는 당신들이 하나님을 믿지 않아도 상관없습니다. 그러나 한 가지 확실한 것은 우리가 하나님을 믿기 전에는 당신네들과 같은 백인들이 오면 잡아먹곤 했는데 이제는 그러지 않는다는 점입니다. 아마 우리가 하나님을 믿지 않았다면 당신들은 살아서 돌아가지 못했을 것입니다."

그렇다. 하나님을 믿고 안 믿는 것은 자유로운 선택일 수 있다. 그러나 인간에 대한 존엄성과 생명에 대한 경외심은 언제 어디서나 존귀한 것이며 기독교는 그 사랑을 전하고 실천하면 되는 것이다.

국적이 달라도 그리스도인의 인생관과 가치관에는 공통성이 있어야 하며, 기독교 사상에는 차이가 있어도 크리스천의 믿음에는 동일한 흐름이 있어야 한다. '우리는 크리스천이니까'라고 말할 수 있는 공통된 정신적 공간이 있어야 한다. 크리스천들은 그 어디에 있든지 크리스천이기 때문에 서로 부정할 수 없는 공동체 의식을 갖고 있어야 한다는 뜻이다. 그것이 없다면 기독교 신앙은 모래알과 같아서 다른 주의나 사상, 아니면 이해가 다른 공동체에 흡수되어 버리고 말 것이다.

크리스천이 지녀야 할 삶의 기준들

세상 사람들이 모두 나보다 앞섰을 때는
내가 내 책임만 다하면 된다.

그러나 많은 이웃이 나보다 뒤져 있는 사회에서는
크리스천들이 그들에게 사랑을 베풀어야 한다.
그런 삶을 사람들은 봉사라고 부른다.

밀알이 땅에 떨어져 썩으면 열매를 맺는다는 교훈이
바로 그런 뜻이다.

오래전 일이다.

나는 신촌에 있는 대현장로교회에 참석하고 있었다. 연세대 주변에 살던 한글학자 김윤경 교수, 철학과의 정석해 교수, 영어학을 강의하던 심인곤 교수도 같은 교회에 다니고 있었다. 대학 총무처를 책임지고 있던 송리명 장로도 초창기부터 교회를 섬기고 있었고, 후에 총무처장이 된 강만유 선생도 같은 교회에 다니고 있었다.

그때 나는 집사 직분을 맡고 있었기 때문에 선배 교수들과 헌금을 거두기도 하고, 예배가 끝나면 헌금을 정리, 계산해서 함께 교회 재정부 일을 맡고 있던 강만유 선생께 인계하는 책임을 지기도 했다.

얼마의 세월이 지난 뒤였다.

목사님과 당회에서 요청이 왔다. 집사로 있는 연세대학의 교수님들 중 한두 사람은 장로 직분을 맡아 교회를 섬겨주었으면 좋겠다는 것이었다. 다른 교인들은 물론 학생들에게도 도움과 모범이 될 것이라는 얘기였다. 또 교수님들이 그냥 집사로 있기에는 지나치게 원로들이어서 원로들을 제치고 다른 교우들이 장로가 되는 것도 순서가 아니라는 설명도 덧붙였다.

우리는 원로 한글학자인 김윤경 교수에게 장로가 되었으면 좋겠다고 제안했다. 그러나 김 교수는 고사했다. 학교 일도 바쁘고 연구 활동에도 지장이 클 것이라는 이유였다. 그분의 성격으로 보아 그럴 것 같았다. 무슨 책임이든 일단 맡으면 정성들여 완수하는 분이기 때문에 장로직이 분에 넘치는 의무로 느껴졌을 것이다.

정석해 교수께 기대해 보았다. 정 교수도 장로직을 맡을 정도로 시간적·정신적 여유가 없을 뿐 아니라 친구들과 어울려 주석酒席에도 함께하며 간혹 담배도 피우곤 하는데 다른 교우들에게 덕스럽지 못해 사양하겠다고 했다.

나는 그분들에 비하면 훨씬 후배여서 끼어들 여지가 없었다.

할 수 없이 심인곤 교수께 우리를 대표해서 장로가 되어달라고 부탁했다. 비교적 시간 여유도 있는 편이었기 때문에 심 교수가 장로가 되었다. 학교를 떠날 때까지 조용히 그러나 정성스러운 봉사를 했다.

그 후 김윤경 교수는 정년을 얼마 앞두고 정부에서 추진하는 산업시찰단의 일원으로 지방순회여행에 나섰다가 뇌졸중으로 갑자기 세상을 떠났다. 그분은 1995년에 문화체육관광부에서 추대하는 '이달의 문화인물'로 추천될 만큼 뜻있는 사람들의 존경을 받았다.

나는 지금도 김 교수와 같은 대학에서 긴 세월을 함께 보낸

기독교, 아직 희망이 있는가

기억과 더불어 같은 교회에서 집사로 일하면서 교회를 섬기던 시절을 잊지 못한다. 후배인 나에게 좋은 충고를 아끼지 않았고 아호 '한결'이라는 이름처럼 한결같은 생애를 사신 분이다. 신앙생활도 그러했다. 아마 그분과 수십 년을 함께 지낸 사람이라면 그분이 거짓말을 하는 것을 듣거나 본 적이 없을 것이다. 어린아이같이 순수하고 진실한 생애를 사신 분이다. 학교 캠퍼스를 거닐다가 그분의 크지 않은 동상을 보면 일생을 한결같이 살다간 그분의 성품을 떠올리게 된다. 크리스천에게는 그런 면모가 있어야 한다는 생각이 들곤 한다.

정석해 교수는 내가 같은 과에서 직접 모시고 지냈다.

한국전쟁 때의 일이다. 공산군이 들어와 연세대학교를 접수했다. 그리고 한강 이남으로 피난 가지 못한 교직원들의 신상조사를 했다. 그들이 말하는 이른바 성분조사였다. 그 서류에는 종교란이 있었다. 교직원의 거의 대부분이 종교란에는 아무것도 기록하지 않았다. 공산주의자들에게는 기독교 신자가 환영받을 리 없고 불이익을 당할 것은 뻔한 일이었다. 그런데 후에 알게 되었는데 정석해 교수만 장로교 세례교인으로 적어 냈던 것이다.

사실 정 교수는 자신이 밝히지 않으면 크리스천이라는 사실을 모를 정도로 자유로운 신앙생활을 했다. 그러나 그는 굳건한 신앙인이었다. 선친 때부터 크리스천이었고 그분의 동생인 정석원 씨는 안동교회 장로이기도 했다. 정 교수는 자신이 신앙인이라는 사실을 이해관계 때문에 숨기거나 밝히지 못하는 성격이 아니었던 것이다.

다 아는 사실이지만 4·19혁명이 일어나고 사회가 정치적 혼란에 빠졌을 때, 학생들의 피에 보답하자는 뜻을 안고 교수 데모를 주도한 이도 정 교수였다. 그해 4월 25일의 일이었다. 정 교수는 고려대학교의 철학과 교수들과 공모하고 데모를 이끌어 '4·25시국선언문'을 채택, 발표했다. 그때 비로소 이승만 대통령이 대통령직에서 물러나 자유당 정권은 종지부를 찍게 된 것이다.

그날 이른 아침에 정 교수는 가족과 마지막 가정예배를 드렸다. 시편 말씀으로 당신의 뜻을 밝히고 내가 돌아오지 못하더라도 하나님께서 가족을 보호해 주실 것이라는 마지막 권고를 남기고 집을 나섰다.

그렇게 큰일을 성사시킨 후에도 정 교수는 자기가 무슨 일을 했는지 언급조차 한 적이 없다. 또 그 결과에 대한 공로 같은 것은 털끝만큼도 생각하지 않았다. 그런 일을 계기로 여러 곳에서 정치에 참여하지 않겠느냐고 요청해 오기도 했고, 업적을 높이 평가해 주기도 했지만, 그분은 그저 200명이 넘는 젊은 학생들의 희생에 보답하고 싶었다는 일념으로 지냈다. 자신이 애국적인 거사를 했

기독교, 아직 희망이 있는가

다고 말하거나 행동하는 것을 보지 못했다.

큰 역사의 소용돌이가 지난 뒤에도 예전처럼 강의했고 공부에 정성을 쏟지 않는 학생들을 책망하곤 했다. 학생들과 후배 교수들이 당시의 이야기를 꺼내면 "다 지난 얘긴데"라면서 관심을 두지 않았다.

그분이 100세 가까운 고령에 세상을 떠난 뒤, 연세대학교의 〈진리와 자유〉 계간지에서 정 교수를 특집으로 다룬 일이 있다. 내가 집필자로 선정되어 다시 한번 차분히 그분의 학문과 사상, 삶의 신조들을 조명해 보는 기회를 가졌다. 그때 나는 정 교수의 일생을 결정지은 두 가지 요체를 찾아보았다. 하나는 그분의 애국심이었고 다른 하나는 애국심을 뒷받침해준 그분의 기독교 신앙이었다. 학자적 양심은 누구나 가질 수 있다. 그러나 그분의 삶은 기독교 정신에 뿌리를 둔 애국심이었다. 구한말, 일제강점기와 망명, 조국의 광복, 독재와 불의에 대한 항거라는 그의 일생이 그래서 가능했던 것이다.

나는 집필을 끝내면서 만일 정 교수가 내 글을 읽었다면 '김 선생의 글은 다 맞아. 그러나 나는 그저 그렇게 살 수밖에 없었어. 내 후배와 제자들이 더 많은 일을 해주겠지…'라면서 당신의 노력과 수고는 드러내려 하지 않았을 것 같다.

심인곤 교수도 강의를 끝내고 지방의 자연 속에 은거해 계셨다. 지방 사람들은 그분을 도사道士라고 불렀다고 한다. 가정생활이 여유롭지 못하면서도 십일조 헌금을 거르는 일이 없었다. 세금은 언제나 제일 먼저 납부하곤 했다. 교통비가 떨어져도 봉급의 일부는 반드시 적금했다. 그것이 그분의 경제관이었다.

사모님의 부탁을 받고 내가 "선생님, 그렇게 적금을 하셔도 인플레가 심하기 때문에 지금 만 원을 적금하면 찾을 때는 5천 원 구실도 못합니다"라고 충고를 한 적이 있다.

심 교수의 대답은 뜻밖이었다.

"모두가 그런 생각을 갖고 사니까 나라 경제가 병들지요. 국가경제를 돕기 위해 적금하는 자세는 지켜져야 합니다."

세상이 다 변해도 선한 일이라면 지켜가야 한다는 것이 그분의 신조였던 것이다.

얼마 후 나는 그 교회를 떠나게 되었다. 한 교회에서 조용히 봉사할 여건이 주어지지 못했기 때문이다.

지금 나는 그 당시의 일들을 회상해 보면서 시대가 바뀌고 사회가 변해도 '크리스천들에게는 공통된 자기동일성 혹은 정체성 같은 것이 있지 않은가' 하는 생각을 해본다. 또 그런 것이 있어야 한다고 믿는다.

기독교, 아직 희망이 있는가

파스칼B. Pascal은 그의 《명상록》 정의 편에서 "그는 강 저편에 살고 있다"는 표현을 썼다. 세상의 모든 정의는 강 어느 편에 있는가에 따라 달라진다는 말이다. 워싱턴에서는 선으로 평가받은 것이 모스크바에서는 악이 되기도 했다. 마르크스주의에서는 칭찬과 존경의 대상이 되던 것이 자유민주 사회에서는 혐오와 배척의 표본이 되기도 했다. 이렇게 세상의 모든 사상과 가치판단이 시대와 사회에 따라 달라진다면 사회의 건설과 역사의 발전은 이루어질 수 없다.

이런 현실 속에서 적어도 그리스도인들은 강 이편과 저편을 초월하는 어떤 동일성을 지니고 있어야 하며 그것이 역사와 사회의 정체성으로 인정받을 수 있어야 한다. 크리스천의 자기동일성의 내용과 사실이 객관성과 보편성을 인정받을 수 있을 때 기독교의 존재 가치가 정립될 수 있을 것이다. 특히 교회 안에서보다 사회 전체에서.

그렇다면 크리스천으로서 삶의 기준이 되는 내용, 즉 크리스천들이 갖는 자기동일성은 무엇인가?

첫째는 인간적 성실성과 정직성이다. 물론 그것은 크리스천만이 아니라 모든 인간의 소망스러운 도리이다. 철학자 야스퍼스K.T. Jaspers는 신앙보다 성실성을 더 강조했다. 성실한 사람은 하나님도 버릴 수 없으며 악마도 유혹할 수 없다는 말은 합당하다.

성실은 신앙으로 가는 길이기도 하다. 성실성을 포기한 사람은 참다운 신앙을 가질 수 없기 때문이다.

윤리학자들은 성실이 겸손한 자기반성과 노력, 중단 없는 모색과 성장, 정직한 삶 등을 포함다고 본다. 그렇기 때문에 성실은 믿음으로 가는 정도正道이다.

그중에서도 정직을 강조하게 된다. 안타깝게도 거짓과 불신이 우리 사회를 병들게 하고 있으며, 교회 안에서도 수단과 방법이 자행되고 있다. 사회에서 크리스천들은 거짓이 없으며 그들의 성실한 삶에 동참해야 한다는 기대와 신뢰를 쌓아가야 한다. 하나님을 믿는다는 것은 하나님의 뜻을 따라 사는 것이며 그로 인해 신앙의 열매가 주어지는 것이다.

둘째는 이기적인 발상과 행동을 버리고 이웃과 사회를 위해 봉사하는 것이다. 거짓말하는 크리스천이 존재할 수 없는 것처럼 크리스천은 결코 이기주의자가 되어서는 안 된다. 교회에서도 예배 출석률이나 헌금의 많고 적음으로 신앙을 평가하지 말고, 다른 사람에게 피해와 고통을 주는 것이 죄악임을 가르쳐야 한다.

개인생활은 물론이고, 직장이나 사회생활을 할 때도 크리스천은 항상 이기심을 멀리하고 더 많은 사람의 행복과 보람을 위해 자신의 삶을 먼저 반성하고 봉사를 실천하는 모범을 보여주어야 한다. 세상 사람들은 대화를 통해 객관적 가치를 추구하며 모

기독교, 아직 희망이 있는가

두의 행복을 위해 노력하는데 크리스천들이 폐쇄적인 이기심을 고집하면 그것은 크리스천이 되기를 포기하는 것이다.

세상 사람들이 모두 나보다 앞섰을 때는 내가 내 책임만 다하면 된다. 그러나 많은 이웃이 나보다 뒤져 있는 사회에서는 크리스천들이 그들에게 사랑을 베풀어야 한다. 그런 삶을 사람들은 봉사라고 부른다. 밀알이 땅에 떨어져 썩으면 열매를 맺는다는 교훈이 바로 그런 뜻이다. 이제는 크리스천들이 전도하는 책임도 사랑의 봉사를 통해 가능해질 것이다.

셋째는 하나님의 사랑을 인간애와 인간 목적관에 결부시키는 일이다. 세상 사람은 정치와 권력, 돈과 경제력, 출세와 명예, 남보다 앞선 수단과 방법을 위해 달린다. 그러나 크리스천은 언제나 삶과 인생의 목적을 인간적 가치 추구에 두어야 한다. 나아가 하나님의 뜻을 따라 모든 인간의 완성과 구원이 성취될 수 있음을 믿고 이웃에 대한 사랑과 봉사를 실천함으로써 하나님의 뜻이 이루어질 수 있음을 보여주어야 한다. 예수께서는 그 뜻을 하나님의 나라와 연결 지으셨다.

Part 3

민족에 희망을 주는 기독교

흑백논리와 자기 절대화의 병

한국 교회의 의무와 존재 가치는 어디 있는가.
우리 민족과 사회가 앓고 있는
위험한 정신적 질환을 예고, 진단하고 치료하는
책임과 의무를 감당하는 데 있다.

그것이 살아 있는 기독교의 진리를 실천하는 일이며
새 생명을 주는 복음을 전하는 일이다.

무병장수하라는 덕담이 있다. 병 없이 오래 살라는 말이다. 그렇게 사는 것은 인생의 큰 축복이다. 그러나 사람은 일생 동안 크고 작은 병을 앓으면서 살게 되어 있다. 그래서 무병장수는 희망사항이지 현실은 그렇지 못하다.

사회나 국가도 마찬가지이다. 갈등이나 어려움 없이 성장하는 경우는 별로 없다. 민족은 민족대로 크고 작은 병을 앓게 되어 있다. 어떤 때는 가벼운 질환을 견디고 더 건강해지기도 하지만, 중병에 걸려 사회적 붕괴를 초래하기도 한다. 옛날 로마가 그러했고 현대에는 소련이 같은 운명을 밟았다.

그런데 문제가 있다. 개인의 병은 의사를 찾아가 치료를 받으면 되지만, 사회의 병은 의사가 따로 없다는 점이다. 스스로가 병을 발견, 진단하고 치료의 책임까지 져야 한다.

이때 사회가 겪는 병은 주로 정신적인 질환이다. 사람들은 그것을 도덕성의 질환 또는 가치관 및 사고방식의 병이라고 말한다. 도덕성이 붕괴되고 잘못된 가치관을 가진 민족이 건강한 사회를 유지할 수는 없다. 로마의 도덕성 붕괴, 소련의 가치관 혼란이 결국은 그 사회의 비운을 초래했던 것이다.

우리가 크리스천으로 자처하고, 교회가 지금까지 존재하는 이유는 우리 민족이 안고 있는 정신적·도덕적 가치관의 질환을 진단, 치유해 주기 위함이다. 기독교는 거기에 존립 의의가 있다.

예수께서는 신체적 질병을 고쳐 주기도 했지만, 정신과 영혼의 병을 바로잡아 주는 일, 즉 복음 전파에 더 전력하셨다. 복음 전파에 더 치중했다는 것은 눈에 보이는 신체적 질병을 가진 환자들보다 병든 인생관과 가치관을 지닌 사람들을 치료해 주는 데 목적이 있었음을 의미한다.

한국 교회의 의무와 존재 가치는 어디 있는가. 우리 민족과 사회가 앓고 있는 위험한 정신적 질환을 예고, 진단하고 치료하는 책임과 의무를 감당하는 데 있다. 그것이 살아 있는 기독교의 진리를 실천하는 일이며 새 생명을 주는 복음을 전하는 일이다.

하나의 예를 들어보자. 우리 민족이 앓고 있는 위험한 병 중 하나는 흑백논리적 의식구조이다. 이것은 양극논리이자 이분법적 사고인 자기 절대화의 병이다.

조선 왕조의 시작은 세계 역사에서 근대화가 일어나던 시기와 맞먹는다. 당시 우리 선조들은 주자학을 숭상했다. 주자학이 학문의 기반이자 사상의 주류를 형성했다. 그런데 주자학의 내용과 성격은 강한 형식논리의 방법을 따른다. 경험논리가 배제되었는가 하면 현실논리도 적용되지 못했다.

뿐만 아니라 당시의 식자들은 불교적 교훈을 버리고 유학을 받아들였다. 유학을 유교적인 교조주의로 바꾸면서 폭넓은 인간의 삶을 교조와 교리로 수용하는 데 열중했다. 이러한 정신적 풍

토는 나름대로 장단점이 있다. 그러나 한쪽 방향으로만 치우치면서 흑백논리를 탄생시켰다.

사실 흑과 백은 존재하는 색이 아니다. 물리학자의 설명에 따르면 모든 빛을 반사하여 아무런 색도 없는 가장 밝은 색을 백색, 모든 빛을 흡수하여 색상과 채도가 없는 가장 어두운 색을 흑색이라고 한다. 따라서 백과 흑은 가상적이며 이론적으로는 가능하나 실재하는 것은 아니다. 하물며 복잡 다양한 인생사에서 백과 흑은 존재할 수 없다.

그럼에도 불구하고 모든 사물을 백과 흑으로만 구분하는 것은 현실적 존재를 무시한 결과이다. 더욱이 사람을 평가하거나 삶의 내용을 흑백으로만 가려낸다면 그것은 현실과 삶 자체를 외면하는 처사이다. 어느 쪽이 백에 가까우며 어느 쪽이 흑에 가까운가 하는 정도 차이를 판단할 수 있을 뿐이다.

이런 흑백논리를 앞세우는 배후에는 언제나 나와 우리는 100이고 너와 너희들은 0이라는 판단이 깔려 있다. 아무리 내가 옳아도, 또 아무리 상대방의 잘못이 크더라도 100 대 0은 아니다.

그런데 우리의 현실은 어떠한가. 정계 여야당의 판단이 흑백인가 하면, 노사 간의 분규도 둘 중 어느 하나를 택해야 한다는 양극논리이다.

역사적으로 우리가 존경하는 충신들은 임금 앞에서 목숨을

걸고 간한 것으로 알려져 있다. 그 진언의 내용이 흑 아니면 백이다. 임금의 생각과 상대방의 생각은 완전히 버리고 충성을 맹세하는 나와 우리 주장만을 따르라는 강압이다. 이러한 사고는 절대주의를 배경으로 삼기 때문에 우리는 살아남고 상대방은 온전할 수 없다는 극한투쟁으로 달리게 된다.

'50보 100보'라는 말이 있다. 100보를 도망간 사람이나 50보를 도망간 사람이나 도망간 본질에는 차이가 없다는 말이다. 그 사실을 배제하고 0이 아니면 100이어야 한다는 사고는 있을 수 없다. 현실을 무시한 사고방식이다.

남북관계도 그렇다. 북에서는 인민공화국은 100이고 대한민국은 0이라 가르친다. 이에 맞서야 하는 우리도 대한민국은 100이고 인민공화국은 0이라고 여겨왔다. 그런 사고방식이 통일을 가로막는 장벽이 되고 있다. 어느 쪽이 비교적 선한가 하는 것은 선과 악의 거리가 얼마나 되는가에 대한 문제이다. 우리가 정치사회에서 극좌와 극우를 배척하는 것은 그들의 대부분이 흑백논리에 빠져 있기 때문이다.

그런데 이러한 절대주의적 사고, 흑백논리적 가치관을 가장 강하게 믿고 행사한 곳이 공산주의 사회였다. 결국은 그 절대주의적 사고방식 때문에 역사의 무대에서 패자로 사라지게 될 것이다.

그리고 불행하게도 이런 사고방식에서 오랫동안 벗어나지 못

기독교, 아직 희망이 있는가

하고 있는 공동체가 일부 종교집단이다. 종교인은 무엇인가를 믿도록 되어 있다. 믿는다는 사실 자체가 사고의 고정화이며 절대화이다. 한번 믿어버리면 더 좋은 것을 찾지 못하며 믿는 바가 다른 사람이나 공동체를 죄악시하거나 배척하는 잘못을 저지르게 된다. 지금도 일부 종교인들이 같은 과오에서 벗어나지 못하고 있다.

세계 문제를 우려하는 사상가들이 공산주의는 소멸할 때가 와도 종교간 분규와 불행은 오래 지속될 것이라고 예고한 이유가 거기에 있다.

바로 우리 국민이 그러한 민족적 병에 걸려 있다. 아니라고 생각하는 것 자체가 그 병에 걸렸음을 입증한다. 그래서 예수께서는 맹세하지 말라고 가르치셨다. 맹세란 자기 절대화의 과오를 범할 뿐이다.

남을 판단하지 말라는 교훈도 자신의 부족을 먼저 깨달아야 한다는 뜻이다. 기독교가 회개의 교훈을 반복, 강조하는 것은 이러한 흑백논리, 자기 절대화의 과오에서 벗어나라는 뜻에서다. 현대인에게는 자기 절대화가 곧 우상이다.

상하관계에서 평등관계로, 그리고 사랑의 관계로

기독교는 자연조건에 따르는 인간의 상하관계를
가치관과 인격의 평등관계로 환원시키며
서로가 서로를 이해하며 위해주는 관계로 승화시키기를
가르쳐야 한다.

또한 누르고 눌리는 상하관계를
서로 이해하고 손잡는 평등관계로 바꾸고
그것을 다시 사랑하고 아껴주는 관계로
높여가는 길을 제시해야 한다.

유교의 전통이 그러했듯이 우리는 모든 인간관계를 상하관계로 보는 습관에 젖어 평등한 관계, 서로를 아끼고 사랑하는 관계를 키우지 못했다.

동양에서는 예로부터 인간관계의 대표적인 질서를 오륜으로 제시해왔다. 부자유친父子有親·군신유의君臣有義·부부유별夫婦有別·장유유서長幼有序·붕우유신朋友有信이 그것이다.

부모와 자녀 사이에는 '친親'의 질서가 있어야 한다. '친'이란 친애親愛를 가리킨다. 서로 소중히 여기고 도우며 대화를 통해 가정의 행복과 발전을 도모하는 일이다. 우리와 환경이 다른 서구 사회에서도 그 뜻을 받아들이고 있다. 우리 젊은이들에게 어떤 부모가 가장 좋은 부모냐고 물어보면 친구가 되어주는 부모라고 대답한다.

그런데 그 '친'의 질서를 우리는 '효孝'의 질서로 바꾸어 더 강조하고 있다. 효는 실제로 부모를 위한 자녀의 의무를 강조한 것이다. 어렸을 때부터 효심을 강조해 순종과 희생을 강요하기도 했다. 과거에는 임금도 부모에 대한 효와 국사의 정도正道 중 어느 것을 택할 것인가를 고민하곤 했다.

이렇게 부모를 위한 자녀가 되고 자녀를 위한 부모의 양보와 희생이 배제되면 그 가정은 어떻게 되겠는가. 가정의 미래지향적 성장과 발전은 기약할 수 없다. 사실 그것은 현실에 맞지도 않는다. 상하관계가 굳어질수록 그 가정과 사회는 더 불행해진다. 가장 소망스러운 가족관계는 친애를 실천한 것이다. 그것을 상하관계로 못박는 것은 바람직하지 못하다. 물론 효를 반대하거나 효가 나쁘다는 것은 아니다. 상하관계와 더불어 평등한 관계도 유지되어야 한다는 의미이다.

기독교가 원하는 것은 친애에서 미래지향적인 성장과 발전을 찾는 일이다. 이는 가정의 앞날과 사회적 봉사를 위해서이다.

군신유의에서 '의義'의 문제도 그렇다. 의의 질서는 대단히 소중한 것이다. 그것을 우리는 충忠이라는 상하관계로 개편해 놓았다. 충은 어떻게 탄생하게 되었는가. 옛날의 임금들은 죽을 때까지 왕권을 유지하며 그 권력을 후손들에게까지 물려주었다. 그래서 왕의 절대 권력에 반대하거나 도전해오는 백성은 수단 방법을 가리지 않고 탄압했다. 힘으로 억압했던 것이다. 그래도 계속 항거하거나 반기를 드는 백성에게는 힘을 행사하기보다 법을 제정해서 법으로 다스리곤 했다. 법은 독재적 탄압을 제도적으로 정당화할 수 있는 도구였다.

그래도 통치권에 반대하는 백성이 나타나면 어떻게 하는가. 왕권과 공존하는 신하들은 법을 뒷받침할 수 있는 가치관을 형성해야 할 필요성을 느꼈다. 그것이 '충'의 정신이 등단하게 된 계기

기독교, 아직 희망이 있는가

이다. 복종과 충성의 가치관으로 왕권에 대항하는 세력을 누를 수 있었다.

지금은 그런 성격의 왕권은 자취를 감추었다. 왕실 자체가 폐기된 셈이다. 그렇다면 현대의 충은 무엇을 말하는가. 국가에 대한 충성심과 애국심이다.

서구 사회의 젊은이들에게 애국심이 무엇이냐고 물어보라. '자유와 평등을 지킬 의무'라고 대답할 것이다. 당연한 추세이다.

이제는 다스리는 사람과 국민 사이의 관계가 변화되어 상하관계에서 평등관계로 나타나고 있다. 차원이 높아진 것이다. 오히려 민주국가에서는 국민들이 주체가 되어 지도자를 선출하고 약속한 기간이 끝나면 그 지도자도 국민으로 돌아오고 새로운 지도자를 선출하는 방법을 택하고 있다. 국민이 주권을 가진 주인의 위치가 되고 통치자가 봉사하는 자리로 바뀌게 된 것이다.

이러한 상하관계를 평등관계로 진전시킨 것이 기독교 정신이다. 하나님 앞에서 모든 사람은 서로 섬기는 평등한 관계라는 인식을 알리고 실천하는 것이 교회의 의무였다. 교회가 그 모범을 보여주었던 것이다.

부부유별에서 '별別'의 질서도 마찬가지이다. 요사이 청소년들은 부부 사이의 사랑은 받아들일 수 있어도 구별의 질서는 이해하기 힘들 것이다. 부부 사이에는 구별이 있어야 한다. 그러나 옛날에는 구별과 더불어 차별까지 있었다. 지금도 세계의 많은 나라에서 법적으로, 관습적으로 때로는 종교적으로 남녀 사이에 차별을 두고 있다. 남존여비의 전통에서 기인한 결과이다.

우리나라에도 예로부터 칠거지악七去之惡이라는 것이 있었다. 결혼한 여성이 일곱 가지 과오 중 하나만 범해도 시집에서 쫓겨난다는 관례이다. 그중에는 출산을 하지 못하거나 아들을 낳지 못하면 시집을 떠나야 한다는 내용도 있었다. 나는 내 친척 누님 중에 자녀를 출산하지 못했다는 이유로 친정부모가 시댁에 가서 사죄하고 돌아오도록 한 경우를 보았다. 당시에는 그것을 당연한 처사로 여겼다.

일곱 가지 중에는 남편이 다른 여성을 사랑한다고 해서 질투하면 안 되는 규례도 있다. 만약 질투하면 남편과 시가에서 쫓겨날 수도 있었다. 그러나 역시 부부관계는 사랑의 관계여야 한다. 사랑의 관계란 평등관계보다 더 서로 아껴주는 관계이다. 그것이 바로 기독교의 정신이다.

장유유서의 질서도 그렇다. 우리는 일찍부터 연장자에게 순종하며 젊은이는 어른을 공경하는 것을 미덕으로 여겨왔다. 그래서 비슷한 연령의 사람들이 만나면 서로 누가 연장자인가부터 신

기독교, 아직 희망이 있는가

경을 쓴다. 실례를 범하지 않기 위해서이다.

그것이 사회적 관습이 되었기 때문에 유능한 후배라도 무능한 선배 밑에 머물러야 했다. 윗 세대의 눈에 마땅치 않아 보이는 젊은 세대는 연장자들로부터 비판을 받기도 했다. 그 폐단은 공직사회와 기관에서 더 심각한 문제를 낳기도 했다. 나이가 많고 적은 것이 상하관계의 요인이 되었던 것이다. 그래서 모든 사회의 원로계층이 생겨났다.

그런 사고와 규례가 일률적으로 나쁘다거나 배제의 대상이 되어야 한다는 것은 아니다. 다만, 장유유서의 질서 때문에 장래성 있고 사회적으로 중요한 일을 할 수 있는 후배들이 소외된다면 국가적인 손실이 너무 커진다는 데 문제가 있다. 또 윗세대가 후배들에게 선한 모범도 보여주지 못하고 사회의 공동선과 공동이익에 참여하지도 못하면서 연장자로서의 예우만을 기대하고 요청한다면 어떻게 될 것인가? 이는 국가와 가족의 장래를 위해 반드시 시정되어야 한다.

기독교는 이러한 자연조건에 따르는 인간의 상하관계를 가치관과 인격의 평등관계로 환원시키고 서로가 서로를 이해하며 위해주는 관계로 승화시키도록 가르쳐야 한다. 또한 누르고 눌리는 상하관계를 서로 이해하고 손잡는 평등관계로 바꾸고 그것을 다시 사랑하고 아껴주는 관계로 높여가는 길을 제시해야 한다. 그것이 하늘나라로 가는 하나의 과정이다.

붕우유신의 경우를 생각해보자. 친구 사이에는 신의信義가 있어야 한다. 다른 네 가지 질서에 비하면 이 항목은 출발부터 평등의식이 강하게 느껴진다. 친구관계 자체가 평등성으로 맺어지기 때문이다. 그러나 따져보면 다른 네 가지가 모두 상하관계로 되어 있기 때문에 친구 간에도 적지 않은 제약을 받기 쉽다.

서양의 드라마에서 이런 장면을 본 적이 있다. 10대 소년이 30, 40대 어른과 대화를 하다가 상대방을 잘 이해하게 되자, "알겠습니다. 이제부터는 친구가 되겠습니다"라고 말하는 장면이다. 그렇게 그들은 서로 쉽게 친분을 나누는 사이가 된다.

그러나 우리는 그렇게 되기 어렵다. 오히려 30, 40대 어른의 입장에서는, '뭐, 친구? 나이로 보아도 네 아버지 격인데 친구라고?'라는 생각이 앞선다. 기성세대는 어떤 경우에도 대인관계에서 평등보다 상하의 조건과 위계질서를 따지려 한다. 자신이 상위에 머물 수 없을 때에야 비로소 평등으로 돌아서는 것이 습관이 되었기 때문이다.

부자와 가난한 사람이, 직장 상사와 부하직원이 서로 친구가 되기 힘들다. 모든 조건이 비슷해야 친구가 된다. 그러나 우선 누구나 친구가 될 수 있고 친구로서의 평등한 조건 위에 빈부의 차

기독교, 아직 희망이 있는가

이라든지, 직책의 상하가 인정되는 것이 바람직하다.

무엇 때문에 이런 문제가 논의되어야 하는가. 우리 사회의 많은 고통과 불행이 인간관계의 불평등함에서 기인하기 때문이다. 이 불평등관계를 평등관계로 환원시켜야 한다. 그리고 기독교의 사랑의 질서가 이 모든 것들을 완성시키기를 소망한다. 사랑과 섬김의 질서가 기독교의 본질이다. 서로가 서로를 소중히 여길 수 있어야 사랑의 열매가 얻어지는 것이다.

온정주의와 합리주의가 조화된 진리와 사랑의 종교

기독교는 처음부터 진리와 사랑의 종교로 출발했다.
진리는 이성적 합리성을,
사랑은 정서적 윤리성을 포함한다.

인격적인 크리스천은 그 둘 모두를 지니면서 더 성장·발전하고
새로운 삶을 열어가는 주체가 된다.

우리는 오랜 세월을 농경사회에서 살아왔다. 또한 과거 우리의 정신적 전통과 가치관은 주로 중국을 통해 전해졌다. 농경사회와 동양적 가치관이 합쳐져 이루어진 우리 선조들의 사회는 한마디로 온정주의溫情主義 사회였다.

기후가 온화하고 산수가 맑은 한반도에서 따뜻하고 착한 마음씨를 가진 사람들이 서로 의지하고 도우면서 살아왔다. 적어도 서민들은 그렇게 살았다.

불교의 자비심과 공자의 어진 마음이 서민적 가치관의 주류를 이루고 있었다. 그런데 이러한 온정사회는 더 넓게 확장될 방법을 찾지 못했다. 정신적 지도력이 약화되었고 새로운 가치관을 창조할 능력을 갖추지 못했다. 창조적인 소수가 없었고 도덕 및 사상적 지도층이 형성되지 못했다. 물론 전혀 없었던 것은 아니다. 그러나 계란을 깨뜨리고 병아리가 태어나는 계기와 가능성을 만들지 못했다.

그러는 동안에 온정주의 사회는 내향적으로 굳어지기 시작했다. 혈연중심사회와 씨족사회로 그 범위가 좁아졌는가 하면, 왕실을 둘러싼 권력 집단끼리 분열과 투쟁을 일삼는 상황으로 변질되었다. 온정사회가 본능사회, 즉 집단이기적 분열을 부추기는 사회로 전락하게 된 것이다.

조선 왕조 500여 년의 역사가 그런 소용돌이를 벗어나지 못했다. 그 결과로 세계 근대화의 과정에서 뒤지게 되었고 설상가상으로 일제강점기라는 비극을 겪게 되었다.

그때 비로소 두 가지 민족적 변화가 일어났다. 그 하나가 문벌이나 씨족 단위의 삶이 민족과 국가를 단위로 하는 사회로 탈바꿈한 일이다. 이제는 나와 우리 가족을 위한 삶은 용납될 수 없고 국가와 민족을 위해 살아야 가정도 유지될 수 있다는 한 차원 높은 경각심을 갖게 된 것이다. 3·1 운동이 바로 그런 역사적 계기를 마련해 주었다.

또 하나의 변화는 오랫동안 폐쇄적인 쇄국정책을 통해 우물안 개구리 같았던 사고방식이 사회질서의 변화를 강요하는 외부 세력과 국제적 도전을 받게 된 것이다. 처음에는 일본을 통한 간접적인 접촉과 수용이었으나, 해방 후 한국전쟁을 겪으면서 서구 문물이 밀물처럼 밀려들기 시작했다.

이제는 국민 전체가 남과 북을 가릴 것 없이 새로운 세상에서 살아야 한다는 생각을 갖게 되었다. 과거와 같은 삶은 물질적으로나 정신적으로 불가능하다는 현실을 접하게 된 것이다. 역사적으로는 근대화가 불가피했으며 내용적으로는 서구화가 요청되었다. 그것은 우리만의 문제가 아니었다. 일본은 우리보다 일찍 서구화를 체험했고 중국과 아시아의 제3세계 역시 그 세계사적 파도에 휩쓸리지 않을 수 없었다. 공산주의도 자유민주주의도 그 하나의 흐름이었다.

그 격렬한 소용돌이 속에서 길게는 1세기, 짧게는 반세기를 살아온 것이 우리의 현실이다. 그렇다면 이 근대화 또는 서구화라는 정신사적 외세에 접하면서 우리는 무엇을 발견하고 체험하게 되었는가. 단적으로 표현하면, 온정주의에 대립되는 합리주의적 사고와 가치관이다.

우리가 인仁과 같은 정서적 가치를 추구하는 동안에 서구인들은 일찍부터 이성적 사고, 로고스logos의 사상을 발전시켰다. 논리적 사고와 합리적 의식구조를 존중히 여긴 것이다. 우리와는 출발부터 그 성격이 달랐다.

이성적이고 합리적인 사고는 본능을 따르는 것이 아니라 가치를 추구하는 사회로 나아가게 했다. 그 결과 서양의 근대화를 촉진시켰고 세계 역사를 바꾸는 주도력을 갖추게 되었다. 과학적 사고와 실용적 가치가 근대 문명을 탄생시켰을 뿐만 아니라 오늘날과 같은 정보화 사회까지 창출해냈다.

이러한 이성주의와 합리주의라는 두 사상의 흐름이 합쳐지면서 동양사회는 자신의 전통을 지킬 것인가 아니면 합리적 가치추구의 정신을 받아들일 것인가 하는 선택을 강요당하게 되었다.

이즈음 동양사회 전체에 등장한 것이 동도서기東道西器라는 사상이었다. 정신적인 것, 즉 도道는 동양적인 전통을 이어가되 기계·

기술적인 것은 서구의 것을 받아들이자는 사상이다. 그러나 그것은 새 술을 낡은 부대에 부으려는 것과 같이 뭔가 문제가 있어 보였다. 하나의 삶 속에 이질적인 두 정신이 공존할 수는 없었다.

관건은 '제3의 길이 가능한가' 함에 있었다. 그 제3의 위치에서 온정적인 동양의 가치체계와 합리적인 서구의 가치체계가 공생할 수 있는가 함이 관건이 된 것이다.

그 제3의 길이 무엇인가. 온정과 합리를 아우르면서도 새로운 삶을 창출해가는 인격 및 인간성의 가치라고 할 수 있다. 조화롭게 승화된 인격적 삶이 요청되는 것이다. 그 제3의 길이 바로 기독교의 뜻이었다.

기독교는 처음부터 진리와 사랑의 종교로 출발했다. 요한복음이 단적으로 그 사실을 입증한다. 진리는 이성적 합리성을, 사랑은 정서적 윤리성을 포함한다. 인격적인 크리스천은 그 둘 모두를 지니면서 성장·발전하고 새로운 삶을 열어가는 주체가 된다. 여기서 중요한 것은 그러한 크리스천은 서로의 사귐과 대화를 통해 더 높고 더 넓은 인격의 왕국을 건설해 간다는 점이다.

이때 가장 중요한 두 가지 요소가 있다. 하나는 동양적 온정주의를 살아온 우리는 합리적인 사고와 가치관을 거치지 않고는 인격적 완성에 도달할 수 없다는 사실이다. 유·소년기를 살아온 사람이 청년기를 거치지 않고는 장년기에 들어설 수 없는 것과

기독교, 아직 희망이 있는가

마찬가지로 합리적 사고를 거치는 것은 역사적 과정이라는 뜻이다. 우리에게 결핍되어 있는 합리적 사고, 객관적 가치의 추구, 과학적 실용성은 성숙한 인격을 형성하려면 반드시 통과해야 하는 과정이다.

다른 하나는 그 길이 기독교가 염원하는 인격적인 사랑과 하늘나라 건설의 길이라는 점이다. 다시 말해 기독교는 원만한 인격과 성숙된 휴머니즘의 육성을 도우면서 그 완성의 길을 계승하도록 이끌어가는 믿음과 희망의 종교이다.

한 국가가 자기결정권을 상실했을 때 생기는 일

더 많은 사람이 자유와 행복을 누리면서 인간답게 살기 위해
앞으로 무엇이 필요하고 어떻게 이루어져야 하는가를 묻고
그렇게 해서 도출된 결론에 동참하는 방법이 바로
대화를 통한 합의이다.

막연해 보일지도 모른다.
그러나 그 뜻이 실현되는 국가와 사회가
자기결정권을 행사하게 되는 것은 분명하다.

그리고 그 길이 바로 크리스천이 실천해야 할 길이다.

어느 날 아침이었다.

아내가 읽던 신문을 내던지면서 "이런 꼴을 하고 있었으니까 나랏일이 제대로 될 리가 없지…"라고 말했다.

무슨 기사냐고 물었더니 구한말 임금이 덕수궁에서 지내면서 사흘 동안 식사를 제대로 하지 못했던 이야기를 들려주었다. 당시 고종황제는 수라상 음식물 속에 독극물이 들어 있을지 몰라 굶을 수밖에 없었다는 것이다. 할 수 없이 두 주 동안 가까이에 있는 러시아 영사관에서 자물쇠를 잠그고 음식을 만들어 날라다 먹었다는 이야기였다. 답답한 일이다. 한 나라의 임금이 궁 안에서 마음 놓고 식사도 제대로 못했으니 나라가 어떻게 되었겠는가.

그러나 역사의 기록을 살펴보면 이런 일은 과거에도 있었다.

조선 왕조가 망하게 된 것은 일본이라는 외세의 침략 때문이 분명하다. 그러나 외세에 의하지 않고도 멸망하는 경우도 많다. 한 나라나 사회가 병들어 붕괴되는 경우이다. 로마는 영원한 나라라고 여겨졌고 유일한 강대국이었다. 그러나 무너졌다. 20세기 말에는 공산주의 소련이 붕괴되었다. 둘 다 외세에 의해서라기보다는 그 사회가 내부적으로 더는 지탱할 수 없었기 때문이었다.

이렇게 스스로 멸망하게 되는 원인은 무엇인가. 한 국가가 자기결정권을 상실하면 스스로 존립할 능력을 갖지 못하기 때문이다. 자기결정권이 있으려면 대내적인 단결력과 외세에 대한 응전력이 뒷받침되어야 한다. 여기서 가장 중요한 것은 내적인 단결이다. 이것은 대외적으로도 인정받을 수 있는 주권이다. 대립과 분열, 투쟁과 싸움이 지속되는 한 국가와 정부는 자기결정권을 행사할 수 없다.

그런데 지금 우리는 어떤 상황을 연출하고 있는가. 국론이 분열되고 있다. 여당과 야당이 국사를 위한 협력을 포기하고 있다. 정당들은 내분을 수습하지 못하고 있다. 사회지도층도 국민이 따를 수 있는 바른 길을 제시하지 못하고 있다. 언론도 분열을 부추기고 있다. 안보와 국방을 약화시키는 발언이 나오는가 하면 외교정책까지도 일관성이 없는 실정이다.

후진사회일수록 서로 그 책임이 상대방에 있다고 주장한다. 심지어 정부는 언론을 상대로 싸우며 언론은 정부를 공박하는 것을 능사로 삼는다. 기업체는 병들어 가는데 노사의 싸움은 그치지 않는다. 마치 닭을 키워서 계란을 낳도록 해야 하는데 닭을 잡아먹자는 식의 노동운동까지 벌이고 있다.

그렇다면 지금이 구한말의 불행한 사태와 무엇이 다른가. 역사의 진보와 발전을 누가 믿겠는가. 지도자로 자칭하는 사람들, 앞장서서 국민을 이끌어가야 할 사람들이 더 큰 불행의 씨앗을 뿌리고 있지 않은가. 차라리 한발 뒤로 물러서 자기반성을 해야 할 때이다. 모두가 애국심을 호소하면서 집단이기주의의 욕망을 채우려 하고 있다. 수많은 국민이 생업과 주어진 일은 소홀히 하면서 정치무대로 뛰어들고 있다.

일부 정치 지도자들은 국민 전체가 정치판에 뛰어들어 자신을 후원하고 지지해 주기를 바라고 있다. 국민들이 주어진 제자리에서 최선을 다하고 싶어도 자기네들과 같은 정치꾼이 되기를 바라는 실정이다.

지금도 민족과 정부가 자기결정권을 행사하지 못하고 있다. 그 원인은 어디에 있는가.

첫째는 민족과 사회가 자기동일성을 상실한 데 있다. 국민이 대한민국의 진로와 방향이 무엇인지 알 수 없게 되었다. 지금의 현실에서 말한다면 국민의 정부까지는 자유민주주의와 시장경제가 국가의 방향과 진로로 받아들여지고 있었다. 방법에 차이가 있고 일의 선후가 논의의 대상이 되긴 했어도 세계무대에서의 진로는 정해져 있었다.

자유민주주의 배후에는 인간의 존엄성과 인간 목적관이 자리 잡고 있었다. 그것은 인류가 가야 할 휴머니즘의 바른 길이었다. 시장경제 아래서는 자유로운 경제성장을 통해 인류의 공존에 이바지하자는 희망을 가질 수 있었다.

그러나 지금은 그 일관된 정신적 자기동일성마저 흔들리고 있다. 오히려 일부에서는 마르크스적 사회주의와 18세기적 자본주의(개인의 소유체제) 중 택일해야 한다며 낡은 '주의'와 이념을 현실화하려 하고 있다. 가장 뒤진 생각을 하면서 스스로를 진보주의자로 자처하며 개혁의 주체라고 자부하고 있는 실정이다. 말하자면 미래지향적인 공통된 가치관의 결핍이 자기결정권을 마비시키고 있는 것이다.

둘째는 사회적 삶의 방법이 잘못된 데 있다. 가장 잘못된 것은 투쟁을 위한 투쟁이다. 승자가 진리와 정의를 대신한다는 절대주의적 사고방식이다. 투쟁을 토론으로 바꾸어야 한다. 행동하기 전에 원리를 찾을 수 있어야 한다. 그러나 지금은 그런 사고방식도 최선의 길은 아니다.

토론을 대화로 발전시켜야 한다. 토론의 결과는 원칙에 대한 복종을 강요하게 된다. 공산주의가 그 길을 선호했다. 그러나 대화는 서로의 의견과 주장을 받아들이면서 더 바람직한 객관적 가치를 모색하는 길이다. 변증법에 따르면 정正-반反-합合의 과정이다. 중요한 것은 내 것과 네 것을 합친 더 좋은 것, 모두에게 소망스러운 것을 찾아 따르는 일이다.

더 많은 사람이 자유와 행복을 누리면서 인간답게 살기 위해 앞으로 무엇이 필요하고 어떻게 이루어져야 하는가를 묻고 그렇게 해서 도출된 결론에 동참하는 방법이 바로 대화를 통한 합의이다.

막연해 보일지도 모른다. 그러나 그 뜻이 실현되는 국가와 사회가 자기결정권을 행사하게 되는 것은 분명하다. 그리고 그 길이 바로 크리스천이 실천해야 할 길이다.

"저희 죄는 용서하시고 우리 겨레에게는 희망을 갖게 하소서"

80년 가까운 세월이 지났다.

지금도 시간이 허락되면 우이동에 있는
국립4·19민주묘지를 찾는다.
그곳에 서면 모든 욕심이 사라진다.
그리고 기도를 드린다.

"저희 죄는 용서하시고
우리 겨레에게는 희망을 갖게 하소서"라고.

1960년 4월 10일 밤이었다.

나는 평소와 다름없이 침상에 들어가기 전에 기도를 드렸다. 이승만 정권이 선거를 치르면서 계획적인 부정투표와 계산조작을 저질렀던 때였다. 국민을 우롱해도 분수가 있어야 하는데, 어린애들도 용납할 수 없는 부정을 저지르고 날조하여 발표했다. 모든 절차는 지시를 받은 경찰당국에 의해 이루어졌다. 마산에서는 고등학교 학생들이 부정투표에 항의하는 데모행진을 벌였다.

괴로운 심정으로 하나님께 우리 지도자들의 범죄를 막아주시고 민족의 장래를 위해 새로운 변화가 있게 해달라고 기도했다.

그날 밤이었다. 꿈속에서 나는 아무도 없는 텅 빈 광화문 네거리를 지나고 있었다. 밤인지 낮인지는 구별되지 않으나 행인은 한 사람도 보이지 않고 역사의 시간이 정지되어 있는 것 같은 공간이었다. 움직이는 것은 아무것도 없었다.

시청 앞에서 광화문 쪽으로 걷다가 깜짝 놀라 네거리 한가운데 파여 있는 땅 밑을 내려다보았다. 거기에는 가지런하게 관이 하나 놓여 있었다. 뚜껑이 없었기 때문에 관 속이 너무 선명하게 보였다.

그 관에는 머리는 종로 쪽을, 발은 서대문 쪽을 향한 예수님의 시신이 아주 고요히 안치되어 있었다. 아무런 표정도 없이 눈을 감은 모습이었다. 다만 또렷하게 드러나 보이는 것은 옆구리

쪽에 고여서 흘러넘치려는 빨간 선혈이었다. 하늘도 땅도 움직이지 않았다. 나 자신도 서 있었는지 걷다가 멈춰 섰는지 느낌이 없었다. 영상에 남는 것은 눈을 감고 조용히 잠들어 있는 예수님의 모습과 그보다 몇 배나 뚜렷한 빨간 피의 상흔이었다. 지금 당장 쏟아져 흐를 것만 같은 선혈이었다.

놀라서 눈을 뜬 나는 두려움과 말 못할 격정에 가벼운 경련마저 일었다. 무엇인가 심상치 않은 일이 벌어질 것만 같았다. 그러나 주님께서 민족의 죗값을 담당해 주시면 우리는 용서를 받을 수 있지 않을까 하는 생각도 들었다.

다음날 11일에는 마산에서 두 번째 데모가 있었다. 처음 데모 때 행방불명이 되었던 김주열 군의 시신이 바다에서 발견되었는데 눈에 최루탄을 맞고 쓰러진 것을 경찰이 바다에 던져버린 것으로 밝혀지자 학생과 시민이 들고 일어났던 것이다.

대구에서도 고등학생들의 데모가 있었다. 학생들은 선거를 다시 치를 것을 요구했다. 이후로 3월 15일에 치른 전국적인 조작 부정투표를 규탄하는 항의가 이어졌다.

18일에는 고려대 학생들이 학교에서 시청 앞에 있는 국회의사당까지 데모행진을 벌였다. 선거를 다시 하라는 구호를 외쳤다. 저녁 늦게 대학으로 돌아가던 대학생들이 동대문 가까이에 이르

기독교, 아직 희망이 있는가

렀을 때, 경찰의 사주를 받은 깡패들이 나타나 여러 학생들을 길거리에 때려눕혔다. 그 사실을 알게 된 시민들과 대학생들은 울분과 끓어오르는 정의감을 억제할 수 없는 밤을 보냈다.

다음날 아침부터는 서울의 모든 대학생들이 학업을 전폐하고 거리로 뛰쳐나와 항의데모를 감행했다. 고등학생도 합류했고 일부 시민들도 동참했다.

나는 연세대 학생들을 뒤따라 아현동에서 시청 앞을 지나 광화문으로 갔다. 서울역에서도 데모대가 광화문 쪽으로 모여들고 있었다. 광화문 일대는 말 그대로 인산인해를 이루었다. 모두의 구호는 같았다. 선거를 다시 하라는 단순한 호소였다. 드디어 일부 학생들이 광화문에서 현재의 청와대인 경무대로 향했다. 당시 이승만 대통령이 집무하던 곳이다.

데모대는 더욱 늘어나 서울시 전체를 뒤흔들었다. 오후에는 효자동 쪽에서 총성이 울려 퍼졌다. 경찰이 발포하기 시작한 것이다. 얼마 후에는 서울역 부근에서도 총성이 들려왔다. 부상당한 학생들이 세브란스병원으로 이송되고 있었는데 그 학생들에게까지 발포했던 것이다.

저녁이 될 때까지도 총성이 멎지 않았고 데모대의 고함소리도 그치지 않았다. 나는 학생들의 대열을 벗어나 연세대학 쪽으로 돌아왔다. 늦은 오후가 되면서 학생들이 다시 학교로 돌아오고 있었기 때문이다.

어둠이 찾아들 무렵 우리 집 두 어린애가 종로에 있는 재동초
등학교에서 집까지 거리를 찾아 헤매면서 겨우 돌아왔다.

그날 밤이 깊도록 나는 잠을 들 수가 없었다. 우리 모두의 잘
못으로 더 이상의 희생자를 내지 않아야 한다는 소원뿐이었다. 그
러나 슬픈 소식이 전해졌다. 총격을 받아 죽은 학생과 젊은이들이
218명이라는 소식이었다.

80년 가까운 세월이 지났다.

지금도 시간이 허락되면 우이동에 있는 국립4·19민주묘지를
찾는다. 그곳에 서면 모든 욕심이 사라진다. 그리고 기도를 드린
다. "저희의 죄는 용서하시고 우리 겨레에게는 희망을 갖게 하소
서"라고.

기독교는 다가올 미래를 기대하는 희망의 종교이다

성경은 언제나 미래지향적이다.
구약의 모든 예언과 교훈은
다가올 메시아에 관한 메시지로 채워져 있다.
메시아가 오시길 기다리는 기대와 희망의 역사이다.

이제 메시아인 예수 그리스도가 오셨다.
그리고 떠나가셨다.
그 뒤부터는 그가 다시 오셔서
역사를 완성시킬 때를 기다리는 것이
신약 이후의 기독교 정신이다.

누구나 다 알고 있고, 나도 다른 곳에서 발표한 적이 있는 이야기 하나를 소개하겠다.

공동번역성경 첫머리 창세기 1장 1절에는 "한처음에 하느님께서 하늘과 땅을 지어내셨다"라고 기록되어 있다. 또 맨 끝 책인 요한계시록 22장 20절에는 "이 모든 계시를 보증해 주시는 분이 '그렇다. 내가 곧 가겠다.' 하고 말씀하셨습니다. 아멘. 오소서, 주 예수여!"라고 되어 있다. 그리고 성경 전체의 내용을 간추려 밝혀 주는 요한복음 3장 16절에는 "하느님은 이 세상을 극진히 사랑하셔서 외아들을 보내주시어 그를 믿는 사람은 누구든지 멸망하지 않고 영원한 생명을 얻게 하여 주셨다"라고 기록되어 있다.

성경, 즉 기독교는 이 세 가지 진리로 요약된다. 창조의 진리와 재림의 약속과 구원의 진리이다. 이 세 기둥과 같은 진리 중에서 가장 핵심이자 으뜸은 구원의 진리이다. 구원의 진리가 받아들여지지 않고는 창조와 재림의 진리를 이해할 수 없다. 믿을 수 없기 때문이다. 또 이 구원의 진리는 예수 그리스도를 받아들임으로써 이루어진다. 예수 그리스도가 없는 기독교는 존재하지 못한다. 그리스도를 통해 창조·구원·재림의 진리가 주어졌기 때문이다.

어떤 신학자는 창조와 더불어 시간이 시작되었고 재림과 함께 시간은 끝난다고 본다. 그리스도는 시간의 중심이면서 역사의 중심이기도 하다.

이런 기독교의 진리는 무엇보다도 기독교가 역사적 종교임을 말해준다. 창조는 역사의 시작이고 재림은 역사의 종말이며 구원은 역사의 중심이다.

한때 세계적으로 주목을 받았던 종교학자 엘리아데M. Eliade는 세상의 모든 종교는 자연 질서를 바탕으로 생겨났으나 구약과 신약의 종교는 성격이 완전히 다르다고 말했다. 그는 만일 다른 모든 종교를 종교로 규정한다면 기독교는 그런 의미에서는 종교가 아니라고 암시했다. 다른 종교가 자연 종교인 데 반해 기독교는 역사 종교이기 때문이다.

자연과 역사의 차원은 본질적으로 다르다. 다른 종교는 인간과 자연의 관계에서 이루어졌으나 기독교는 인간과 신의 관계에서 성립되는 역사 신앙인 것이다. 따라서 기독교의 진리와 가치관은 특별하게 역사와 시간적 성격을 띠고 있다.

그러나 대부분의 동양 사상과 그리스 정신은 시간을 윤회하는 것으로 해석한다. 시간은 돌고 도는 것이라고 본다. 자연의 질서는 반복적인 성격을 갖는다. 봄, 여름, 가을, 겨울이 반복되고 동쪽에서 해가 뜨고 서쪽으로 해가 지는 일은 영구히 변하지 않고 되풀이된다.

그래서 그들은 영원한 회귀과정 속에서 짧은 한 부분을 살다가 끝나는 것이 인간의 삶이라고 본다. 그런 운명적인 세계관은 유한한 인간의 능력이나 노력으로는 어떻게 할 도리가 없다. 니체 F. Nietzsche가 말하는 운명에 대한 사랑도 바로 그런 동양 및 그리스 정신을 대변하는 것이다.

그러나 기독교는 이와 성격이 다르다. 시간과 역사는 일회적이다. 처음이 있고 끝이 있다. 그리고 그 시종始終 사이에는 역사적 의미가 깔려 있다. 영원히 반복한다면 무의미하지만 일회성이라면 그것은 나름대로 절대적이다. 자연 시간과 역사 시간의 차이는 양적인 것이 아니다. 질적인 것이다.

농부들은 올해 자연재해 등으로 농사에 실패했으면 내년과 그 다음해에 그 실패를 만회할 수 있다고 생각한다. 자연 시간을 따르기 때문이다. 그러나 올해 큰 혁명이나 전쟁을 겪은 사람들은 내년이나 그 다음해에는 또 다른 혁명이나 전쟁으로 만회할 수 있다고는 생각지 않는다. 그것은 역사적 시간이다. 그리고 우리는 그 역사 속에 살고 있다. 모든 사건들은 그때그때의 의미를 갖도록 되어 있다.

자연 시간에서 사는 사람들은 현재는 과거의 연장이라고 생각한다. 그러나 역사 시간을 사는 이들은 앞으로 무엇이 이루어질 것인가를 먼저 생각한다. 다가올 역사의 사건에 대비해야 하기 때문이다. 그래서 자연 질서에 따르는 개인과 사회는 전통적이며 보수적인 가치관을 소중히 생각하지만, 역사 속에 사는 개인과 민족은 미래에 대한 도전의식을 갖는다. 역사학자가 과거를 연구하는 것은 과거를 앎으로써 미래를 창조해가야 하기 때문이다.

그런 관점에서 본다면 성경은 언제나 미래지향적이다. 구약의 모든 예언과 교훈은 다가올 메시아에 관한 메시지로 채워져 있다. 메시아가 오시길 기다리는 기대와 희망의 역사이다. 이제 메시아인 예수 그리스도가 오셨다. 그리고 떠나가셨다. 그 뒤부터는 그가 다시 오셔서 역사를 완성시킬 때를 기다리는 것이 신약 이후의 기독교 정신이다.

미래가 있다는 것은 희망의 약속이다. 그러기에 창조적인 활동이 가능한 것이다. 문제는 역사의 무대에서 사라져야 할 것이 남는 것이다. 흔히 사람들은 인도 사회는 역사의식과 시간관념이 부족했기 때문에 오늘날과 같은 후진사회가 되었다고 말한다. 동양인들은 전통을 지나치게 소중히 여긴 나머지 과거 지향적이어서 발전이 늦어졌다고 본다.

이에 비하면 서구 사회는 강한 역사의식과 일회적인 시간관념 때문에 미래지향성이 강했고 오늘날의 세계를 개척한 것으로 평가된다. 그것이 기독교 정신의 유산이다.

인도 사람들은 관념적 철학과 종교의식을 지니고 살았다. 동양인들은 그러한 관념성과 종교관보다 윤리 및 도덕적 가치를 높이 평가해왔다. 그러나 기독교 사회는 철학과 윤리성 위에 역사의 식까지 갖췄기 때문에 세계 역사의 무대에서 새로운 업적을 쌓아 갈 수 있었다.

　　이렇게 본다면 기독교 신앙은 개인의 변화는 물론이고 사회의 역사적인 변혁에도 큰 영향을 미치고 있음을 알 수 있다. 어떤 종교와 신앙을 가질 것인가. 이것은 매우 중요한 의미를 갖는 선택이다.

그리스도인의 국민적 도리는 무엇인가

중산층에 속하는 크리스천들은 한 걸음 더 나아가
민족과 국가를 위한 애국적 관심과 식견을
갖추어야 한다.

애국심을 지닌 중견층의 자리를 지키는 것은
국민의 도리이자 크리스천의 의무이다.

한때 영국과 프랑스가 대표적인 두 선진국가였다.

프랑스는 200여 년 전에 대혁명으로 국가의 큰 위기를 넘겨야 했다. 역사가들은 위대한 혁명이라고 평가하지만, 개인의 차원에서는 너무 비참한 혁명이었다. 반면 영국은 더 심한 사회적 혼란을 겪으면서도 그런 비극을 극복할 수 있었다. 왕실도 그대로 유지되고 국가적인 손실도 그리 크지 않았다.

거기에는 여러 가지 이유가 있을 것이다. 한 가지 확실한 이유는 프랑스의 경우 왕실과 귀족, 종교계의 지도자들이 특권과 권력을 행사할 수 있었던 반면, 절대다수의 농민으로 이루어진 국민은 무조건 복종하는 피지배층에 속해 있었던 데 있다. 그 피지배층의 국민들이 지배층에 항거하는 운동을 일으킨 것이 프랑스혁명이다.

그러나 영국은 왕실과 귀족들, 성공회의 지도층이 지배계급을 형성하고 있었음에도 불구하고 피지배층이 아닌 중산층, 자각한 중견층도 자리 잡고 있었다. 중견층이 계란의 노른자위와 같은 위치를 차지하고 있으면서 지배층과 피지배층 사이에서 완충 역할을 했다.

이렇게 중산층 및 중견층이 정착되면 피지배층에 해당하는 국민은 스스로를 피지배층이 아니라 모방하는 계층으로 여기게 된다. 노력만 하면 중산층으로 올라갈 수 있다는 희망을 가지기 때문이다. 결국은 깨어 있고 의식 있는 중산층 및 중견층의 유무가 그 사회의 안정과 붕괴를 좌우하게 된다.

러시아혁명으로 붕괴된 제정 러시아도 그러했다. 왕족과 귀족 그리고 희랍정교회의 지도자들이 지배층을 차지하고 있었고 절대다수의 농민과 노동자들이 피지배층을 이루고 있었다. 중간계층이 없었던 탓에 혁명의 비운을 겪어야 했다.

미국이 스스로를 안정된 사회로 보는 것은 절대다수의 국민이 중산층으로 자처하고 있고 애국적 자각을 갖춘 중견층이 건재하는 한 안전한 생활을 지속할 수 있다고 믿기 때문이다. 그리고 그 중산층은 비교적 보수적인 성격의 국민들이다.

그렇다면 왜 영국 사회는 프랑스와 달리 중견층이 존재하는 사회가 되었는가? 여러 가지 요인이 있다. 경험주의적 사고방식과 가치관이 그 요인이기도 했다. 하지만 더 중요한 요인은 영국의 종교계가 프랑스나 러시아의 종교계와 다른 역할을 담당했다는 데 있다. 프랑스의 가톨릭 지도자들과 러시아의 희랍정교회 지도자들은 왕권 및 귀족들과 자리를 함께했으며 지배층에 합류해 있었다.

프랑스혁명 당시에 신문에 실린 한 컷짜리 만평을 본 적이 있다. 영양부족으로 뼈만 앙상하게 남은 농민이 지고 있는 지게 위에 포동포동하게 살찐 귀족 신부가 타고 있는 만평이었다. 당시

기독교, 아직 희망이 있는가

부조리한 현실을 반영한 상징적 그림이었다.

그러나 영국 기독교계는 그와 달랐다. 영국 성공회의 지도자들은 왕족 및 귀족들과 함께 권세를 누렸으나 남쪽 잉글랜드에서는 감리교운동이 일어나 자각한 중견층들이 성장했다. 북쪽 스코틀랜드에서는 장로교가 부흥하면서 새로운 민주세력과 자각한 중견층의 범위가 확장되었다. 그런가 하면 동쪽 런던 빈민지역에서는 구세군운동이 전개되면서 국민들이 자신을 소외당한 피지배층으로 여기기보다 국가 발전에 동참하는 중산층의 가능성을 지닌 것으로 여기게 되었다.

건전한 기독교 정신과 기독교 운동을 통해 자각한 중견층이 성장함으로써 국가의 위기를 극복하고 안정된 사회를 유지할 수 있었던 것이다. 종교 국가에서 신앙운동이 얼마나 중요한가를 보여주는 가장 대표적인 예이다.

사실 우리는 어떤 면에서는 기독교 국가이기도 하다. 교회당과 크리스천들의 수를 보아도 짐작할 수 있으며 기독교의 사회적 영향력을 보아도 자타가 인정하고 있을 정도이다.

그렇다면 크리스천은 국가와 민족에 대해 어떤 임무와 사명을 가져야 하는가? 한마디로 크리스천 모두가 경제적으로 중산층에 진입할 수 있어야 한다. 크리스천이 가난하게 산다는 것이 부끄러움은 아니다. 그렇다고 해서 경제적으로 다른 사람의 도움을 받으면서 산다면 그것은 국민으로서의 책임을 포기하는 잘못을 저지르는 것이다.

크리스천들은 열심히 일하고 그 대가로 재산을 소유하되 가능한 한 많은 것을 이웃과 사회에 베풀면서 살아야 한다. 예수께서 원하는 경제관은 나와 가정을 위해서는 적게 소유하고 이웃과 사회에는 많은 것을 줄 수 있는 생활이다.

원불교에서는 근면한 경제생활을 통해 경제적으로 자립하고 부한 나라를 만드는 것을 불교도의 의무라고 가르친다. 검소한 생활을 통해 이웃에게 도움을 준다면 그 이상 바람직한 경제관은 없다.

중산층에 속하는 크리스천들은 한 걸음 더 나아가 민족과 국가를 위한 애국적 관심과 식견을 갖추어야 한다. 애국심을 지닌 중견층의 자리를 지키는 것은 국민의 도리이자 크리스천의 의무이다.

나는 옛날 일본에서 대학생활을 할 때 듣고 보았던 것을 지금도 잊지 못한다. 당시 일본 사람들은 주변 지인이 교회에 가는 것을 보면 '저 사람이 벌써 교회에 갈 정도가 되었나'라면서 부러워했다. 크리스천이 된다는 것은 사회 모든 면에서 모범을 보이는 일이었기 때문이다. 정치계에서도 크리스천 국회의원, 크리스천 고위 공직자, 크리스천 법관 등은 존경받는 위치를 차지하고 있었다.

기독교, 아직 희망이 있는가

크리스천이 지각 있는 중견층에 속한다는 것은 바로 그런 책임을 감당해야 한다는 뜻이다. 이렇게 크리스천 중산층과 애국적 중견층이 형성되면 그 사회와 국가는 반석 위에 건설될 수 있다. 중견층 인사들 중에서 사회 모든 분야의 지도자들이 선출되고 그들이 봉사한다면 그것이 곧 모범적이며 소망스러운 나라를 일으키고 건설하는 길이다.

우리는 교회에 다니는 사람이 많은데도 도덕적으로 퇴락한 나라가 되는 것을 바라지 않는다. 교회는 풍요로움을 누리면서 빈곤하게 사는 이웃이 많은 사회는 원하지 않는다.

크리스천은 누구보다도 진정한 애국자가 되어야 한다.

열린 사회, 갈등을 최소화하는 지혜

어떤 명목으로도
인간의 행복해질 권리와 자유를 향한 노력이
제약받을 수는 없다.

그리스도인들이 추구하고 노력하는 역사적 사명이
바로 거기에 있다.
그렇게 본다면 크리스천은 진보와 보수의 벽을 넘어
하늘나라를 꿈꾸는 열린 사회로 나아가는
사명을 다해야 한다.

최근 우리 사회에서 진보와 보수의 논란이 다시 등장하고 있다. 지금까지 그래왔듯이 이런 상황은 앞으로도 오래 지속될 것 같다.

세상 사람들은 종교인이 대개 그러하듯이 크리스천은 보수적이라고 생각한다. 그러나 일부 크리스천은 세상 사람들보다 더 진보적인 경우가 많다. 민중신학을 제창했던 사람들이나 사회참여를 교회의 사명으로 여기는 이들은 상당히 진보적이다. 어떻게 보면 다른 종교인들보다 진보와 보수의 양극 현상이 뚜렷한 것이 기독교의 특징일지도 모른다. 선진국가에서는 크리스천들이 진보와 보수 어느 편에 가담하더라도 문제가 되지 않는다. 정책의 선택일 뿐이다. 그러나 우리 사회에서는 두 진영의 대립과 갈등이 심각하다. 거기에는 이유가 있다.

유럽과 미국을 비롯한 선진국가의 진보와 보수는 자유민주주의라는 한 나무에서 자란 두 줄기와 같다. 그러니까 질적인 차이는 그다지 크지 않다. 그런데 우리나라의 진보는 좌익적인 뿌리에서 자랐고 보수는 우파에서 성장했다. 그래서 두 가지가 섞여 있는 것 같아도 밑동과 뿌리가 다르다. 그로 인해 일어나는 갈등과 모순도 적지 않다. 대립과 싸움으로까지 번질 가능성이 크다.

그렇다면 이런 대립 문제는 해결이 불가능한가? 언젠가는 한 번 겪어야 할 과정이기 때문에 불가능하다고는 보지 않는다. 대립과 갈등에서 오는 피해와 고통을 최소화하는 것이 중요하다. 이미 예방의 단계는 넘어섰기 때문에 우리 스스로가 그 갈등을 최소화 하는 지혜와 정책이 시급하다.

이때 가장 우선되어야 하는 것은 극우나 극좌의 자세를 버리는 것이다. 또 사회는 그들을 용납해서도 안 된다. 그들은 자신의 주장과 이념을 행동에 옮겨 상대방에게 고통과 피해를 강요하기 때문이다. 또 그들의 독선적이며 배타적인 사고와 가치관이 용납되어서도 안 된다. 그것은 사회악으로 이어질 수도 있다.

그렇다면 해결 방법은 무엇인가? 과거가 어떠했는가를 묻지 않는 것이다. 물을 필요가 없다. 그럴수록 점점 더 곤란해진다. 앞으로 어떤 사회를 지향할 것인가 하는 것이 더 중요하다. 많은 사상적 지도자들은 이미 하나의 방향을 제시해왔다. 열린 사회와 닫힌 사회 중 어느 편을 택하는가 하는 것이다. 개방적인 사회로 나아갈 수 있다면 보수와 진보를 따질 필요가 없다. 그러나 폐쇄적인 사회로 되돌아간다면 보수 대 진보의 대립보다 더 큰 과오를 범할 수 있다.

일본은 우리보다 1세기 먼저 개방의 길을 선택했다. 그래서 동양에서는 가장 일찍 근대화 과정을 밟을 수 있었다. 지금까지 북한은 세계에서 가장 폐쇄적인 사회를 지향하고 있다. 우리는 그 결과를 직접 확인하고 있다. 폐쇄정책을 썼던 소련이 붕괴되었고

기독교, 아직 희망이 있는가

근래에는 중국이 우리보다 더 개방적인 사회를 지향하고 있다. 우리도 이제 폐쇄 사회로 향하는 진로를 바꾸어야 한다.

따라서 지금은 보수진영에 있든지 진보진영에 있든지 개방사회로 전진하는 것에 뜻을 두어야 한다. 진보를 호소하면서 폐쇄 사회로 가는 자기모순을 반복해서는 안 된다. 그런 사람은 후진사회를 만들고 뒤떨어진 사고를 관철하려는 퇴보주의자이다. 마찬가지로 폐쇄 사회에 머물기를 원하는 보수주의자는 역사 무대에서 도태되는 운명을 벗어날 길이 없다.

그렇다면 열린 사회로 가는 길은 무엇이며 우리는 그 과정에서 어떤 책임을 감당해야 하는가?

무엇보다도 중요한 것은 모든 개인이 이기적인 발상을 버리고 집단이기적 행동을 배척하는 것이다. 우리가 살아가는 동안 수없이 많은 이해관계에 직면하게 된다. 불리한 것을 피하고 이로운 것을 택하는 것은 인간의 상정이다. 그렇다고 해서 자신에게 이로운 것만 찾느라 올바른 행동을 저버리고 더 많은 것을 소유하기 위해 다른 사람에게 피해와 고통을 주어서는 안 된다.

우리를 폐쇄 사회로 유인하는 것은 이기적인 집단에 동참하는 것이다. 자신의 고향을 사랑하고 위하는 애향심은 귀하다. 그러나 그 애향심을 애국심으로 높여가지 못하고 개인의 이기심으로 사용한다면 국가와 민족을 해치는 결과를 초래한다. 우리 사회가 겪고 있는 지역감정과 그것을 이용한 온갖 정치적 죄악이 거기에서 탄생하는 것이다.

최근에는 적지 않은 시민단체들이 정치 활동에 참여하고 있다. 낙선운동도 벌이고 당선운동에도 뜻을 모으고 있다. 그러나 한 가지 확실한 것은 숨겨진 사심이 있는 사람은 그런 운동에 참여할 자격이 없다는 점이다. 사욕을 소유했는지 여부는 자기 자신이 잘 알고 있다. 이기적인 욕망으로 남을 심판하는 사람은 자신이 하나님의 심판을 받는 법이다.

열린 사회로 가기 위해서는 우리 모두가 정직과 진실을 추구하는 노력을 아끼지 않아야 한다. 특히 지도자의 위치에 있는 사람은 신뢰의 대상이 되어야 하기 때문에 정직한 삶은 필수적이다. 그리고 수단과 방법을 가리지 않고 정직과 진실을 짓밟는 일은 없어야 한다. 그런 사태가 거듭되고 정당시되면 모든 사회적 기반이 무너져 버린다.

또 한 가지 열린 사회로 가는 길은 인간의 존엄성과 권리를 확장시켜 나가는 데서 비롯된다. 어느 누구도 자유와 행복을 추구하는 일에 규제를 받아서는 안 되며 인간의 기본권은 유지되어야 한다. 경제적으로 버림을 받아서도 안 되지만 정치적 억압은 용납될 수 없다.

제2차 세계대전 이후에 전 세계의 식민지들이 자주독립을 보

기독교, 아직 희망이 있는가

장받았다는 사실은 열린 사회로 가는 데 큰 기틀이 되었다. 냉전 시대가 끝나고 전 세계가 하나로 연결된 지금 지구의 어떤 곳에도 독재정권 밑에 억압받는 국민이 존재해서는 안 된다.

어떤 명목으로도 인간의 행복해질 권리와 자유를 향한 노력이 제약받을 수는 없다. 유엔의 인권헌장은 열린 세계를 위한 가장 으뜸가는 신념이 되어야 한다.

그리스도인들이 추구하고 노력하는 역사적 사명이 바로 거기에 있다. 그렇게 본다면 크리스천은 진보와 보수의 벽을 넘어 하늘나라를 꿈꾸는 열린 사회로 나아가는 사명을 다해야 한다.

진보도 보수도 그리스도의 제자

정치인에게도 할 수 있는 일이 있고
해서는 안 되는 일이 있다.
크리스천의 경우에는 더욱 그러하다.

주께서 원하지 않는 일은
세상에서도 용납될 수 없는 법이다.

몇 해 전의 일이다.

내가 잘 알고 있으며 사회활동도 많이 하는 H교수가 장관에 부임했다. 그 소식이 전해진 다음 날, 몇 사람이 모인 장소에 가게 되었다. 그들 중 한두 사람이 H교수를 좌익으로 본다는 발언을 했다. 한 사람은 빨갱이라는 혹평을 서슴지 않았다.

이야기를 나누던 한 사람이 나에게 "김 교수님은 H교수를 잘 아실 텐데 어떻게 보십니까?" 하고 물어왔다. 사실 H교수는 널리 알려진 크리스천이다. 교계에서도 인정받고 있을 뿐 아니라 공직을 떠나서는 신앙운동에 열성을 쏟는 사람이다.

나는 그들에게 "H교수는 비교적 진보적인 사상을 갖고 있으며, 북한을 적대시하기보다는 대화의 상대로 삼아야 통일이 가능하다고 보는 입장입니다. 그리고 그 교수는 모두가 인정하는 기독교인입니다. 기독교인은 유물사관을 신봉할 수 없습니다. H교수도 근본에 있어서는 자유민주주의를 지킬 수 있기 때문에 크게 걱정은 안 해도 좋을 것입니다"라고 나름대로 해명해 주었다.

사람들은 정치 노선이 다르면 거리감을 느끼며 때로는 경계심을 갖기도 한다. 그러나 서로가 그리스도인임을 인정하고 믿을 때는 그런 의구심을 크게 문제 삼지 않는다. 신자들은 모두가 그리스도의 제자이며 주께서 이끌어 주시는 길을 따르도록 되어 있기 때문이다.

현 정치계에도 크리스천들이 여당과 야당 안에 나뉘어 있음을 본다. 고위 공직자들 중에는 적지 않은 신앙인들이 자리 잡고 있다. 어떤 때는 정쟁을 펴기도 하며, 진보와 보수로 나뉘어 갈등을 부추기는 경우도 있다. 그러나 우리는 그들 모두가 그리스도의 제자이며 주께서 찾으실 때는 뜻을 같이하는 형제가 될 수 있음을 의심해서는 안 된다.

물론 두 가지 전제조건이 있어야 한다. 하나는 정치적 이념이나 목적을 앞세워 인간의 존엄성을 소중히 여기는 신앙적 가치관을 떠나면 안 된다는 것이다. 다른 하나는 기독교 신앙은 영원하지만, 정치적 활동은 시대와 환경에 따라 변할 수 있음을 알아야 한다는 것이다.

크리스천이라고 해서 자신에게 맡겨진 일을 할 때 자신의 정치적 의지와 신념에 차질을 빚을 필요는 없다. 하지만 그렇다고 해서 크리스천 지도자가 정치적 이념에 사로잡혀 인간 존엄성의 본질을 훼손한다면 그를 크리스천이 아닌 과오를 범하는 정치인으로 볼 수밖에 없는 서글픈 경우가 생긴다.

내가 오랫동안 알고 지냈던 신학자가 있었다. 김대중 정권이 들어서면서 정치 일선은 아니지만, 배후에서 중요한 직책을 맡기도 했다. 김영삼 대통령보다 김대중 대통령의 노선에 가까웠고 민

기독교, 아직 희망이 있는가

주화 투쟁에도 참여했던 사람이다. 신학대학 교수로 재직하기도 하고 기독교 계통의 대학에서 강의도 했으나 지나치게 정치적이라고 해서 교직을 떠나 있었다.

한번은 사회적으로 이슈가 된 사건이 발생했다. 부산의 D대학에서 있었던 방화사건에 대한 재평가였다. 시위에 가담했던 학생들을 전경들이 체포하는 과정에서 일부 과격한 학생들이 방화를 저질렀고 그 바람에 복도에 있던 몇 명의 전경이 목숨을 잃는 비극이 벌어진 사건이었다.

물론 그 당시에는 공권력에 폭력으로 항거했고 의도적으로 방화를 저질러 전경들을 죽게 했으니 그 학생들은 재판을 받고 법적 처벌을 받아야 했다. 일어나지 말았어야 할 일이지만 결과는 불행한 사태로 끝났다.

세월이 지난 뒤, 그 사건이 다시 정치적 평가를 받게 되었다. 말하자면 그 학생들에 대한 법적 제재가 부당했다며 오히려 민주화 투쟁의 명예를 회복시켜 주자는 주장이 제기되었던 것이다.

그런 일이 벌어지고 있을 때였다. 그 교수를 잘 아는 사람이 내 의견을 물어왔다. 민주화 투쟁을 위해 공권력에 항거한 사실은 인정할 수 있어도, 경찰을 반역자로 몰고 방화 살인한 학생을 4·19 의거와 같은 정의로운 투사로 높일 수 있는지 모르겠다는 것이었다. 그러면서 대다수가 부정적이거나 회의적인 견해였는데 그 교수가 끝까지 그들의 정당성을 주장했다고 말했다.

그는 걱정스러운 어조로 이렇게 덧붙였다. '그것은 마치 공산주의자들이 정당한 목적을 위해서는 어떤 수단과 방법을 선택해도 좋다는 사고방식과 무엇이 다른가.' 우리 편이 아닌 사람은 공권력을 대신하는 공무원이나 군경이더라도 원수일 수밖에는 없다는 사고방식이라는 얘기였다. '자유민주주의를 신봉하는 사람들까지 그런 사상과 방법을 용인한다면 세상이 어떻게 될 것인가, 또 어떻게 기독교 정신의 의미와 가치를 인정받을 수 있겠는가.' 그것이 그 사실을 전해주는 이의 고민이었다.

나도 무엇이라고 대답할 수가 없었다. 그리고 혼자 곰곰이 생각해 보았다. 그것이 사실이라면 그 신학자는 크리스천보다 정치인으로 자처하는 것이 나을 것이며, 우리도 그와 같은 사람은 크리스천이 아니라 정치인으로 치부하는 것이 좋을 것 같았다.

정치인에게도 할 수 있는 일이 있고 해서는 안 되는 일이 있다. 크리스천의 경우에는 더욱 그러하다. 주께서 원하지 않는 일은 세상에서도 용납될 수 없는 법이다.

정의는 사랑에 의해 완성된다

사회주의자들은 평등은 투쟁의 대가라고 말한다.
그러나 크리스천들은 평등을 뒷받침하는 정의는
인간을 위한 사랑이며
사랑이 정의의 질서를 높여줄 때
진정한 평등이 이루어진다고 가르친다.
정의는 사랑에 의해 완성되기 때문이다.

하늘나라의 현관에는 정의로운 사람이 들어선다.
그리고 정의의 현관을 통해 들어서는 곳은
사랑의 집이다.

예수께서는 모래 위에 집을 짓는 것 같은 어리석은 일은 하지 말고 반석 위에 집을 짓는 지혜로운 인생을 살라고 가르치셨다. 이 말씀은 산상수훈의 결론이 되었다. 산상수훈의 큰 주제는 윤리적이고 도덕적인 책임을 다하는 사람이 종교적 신앙의 뜻을 성취할 수 있다는 것이다. 그 의미를 좀 더 넓게 확장한다면 인간다운 삶 위에 신앙적 건설이 허용되며 종교적 축복이 가능하다는 뜻이다.

많은 크리스천은 예수의 가르침을 교인들을 위한 말씀으로만 좁게 생각하곤 한다. 하지만 그 가르침은 예수의 뜻을 따르는 우리 모두, 오히려 교회 밖에 있는 사람들에게 주는 교훈이다. 예수의 뜻은 10명의 교인들보다 100명의 사회인을 위해 더 귀중하다.

크리스천을 포함한 모든 사람은 모래 위에 집을 짓거나 기초가 없는 대지에 집을 지어서는 안 된다. 헛수고일 뿐 아니라 불행과 파멸을 가져올 수 있기 때문이다. 구한말의 우리 역사를 보면 모든 국민이 모래 위에 집을 지었다. 그 불행과 고통이 온 국민에게 돌아왔다. 지금도 마찬가지이다. 정치계의 지도자들, 경제를 이끌어가는 기업인들, 정신계를 담당하고 있는 지성인들마저도 기초가 없는 집을 짓고 있는 것 같아 우려스럽다. 그 결과가 우리 후배들과 후손들에게 남겨지기 때문이다.

그렇다면 무엇이 튼튼한 기초인가?

어떤 사람들은 정치권력 자체가 기초인 듯 착각한다. 특히,

정치이념의 노예가 된 사람들이 그런 생각을 갖는다. 근대 초기에는 마키아벨리N. Machiavelli가 그런 착각을 했다. 독일의 철학자 니체F. W. Nietzsche도 같은 사상을 계승했다. 그런 사상을 구체화시키려고 노력한 인물이 히틀러였고 공산주의자들이었다. 그들은 정치 자체가 일차적 목적이었기 때문에 정치와 정권 만능주의를 택했다. 그러나 세계 역사는 그들을 심판했다. 결국은 그들 스스로 역사의 무대를 떠나야 했다.

소유를 전제로 한 자본주의 경제체제가 같은 과오를 범했다. 개인은 돈을 벌어 소유하면 된다는 어리석은 생각에 빠졌고, 민족과 국가는 부강해지면 모든 것이 가능해지는 것으로 오판했다. 그래서 공존의식이 없는 부자들이 사회에서 버림받게 되고 부를 축적한 민족과 국가들이 도덕성을 상실하면 모든 것이 무너지거나 상실하는 운명을 맞았다. 과거 제국주의 일본의 경우를 보면 그 사실을 실감할 수 있다.

나는 1960년대 초반에, 니버R. Niebuhr라는 신학자가 하버드대학교 학생들에게 강의를 하면서 미국 젊은이들에게 남겼던 다음과 같은 말을 지금도 잊지 못한다.

"미국은 자본주의 정책으로 경제적 부를 달성했습니다. 그 부를 젊은 여러분이 물려받게 될 것입니다. 그때 가장 경계해야 할 것은 우리의 경제적 부를 우리만 소유하고 누리면 된다는 사고입니다. 그렇게 되면 그 부는 아메리카를 병들게 하고 여러분은 세계를 이끌어갈 수 없게 됩니다. 그 부를 세계 여러 나라, 특히 가난한 나라를 위해 쓸 수 있어야 합니다. 그 혜택으로 세계 여러 국가가 빈곤에서 벗어나게 되면 후진국가들의 경제성장이 아메리카를 더욱 부하게 만들어주며 여러분은 세계에 봉사할 수 있게 되는 것입니다. 가지려고 하는 사람은 놓치게 되지만, 남에게 주는 사람은 더 많은 것을 소유하게 됩니다."

나는 그의 이러한 경제관이 곧 그리스도의 정신인 동시에 반석 위에 집을 짓는 하나의 기준이 된다고 생각한다.

문화 분야도 그렇다. 어떤 예술과 사상이 순수성을 잃고 다른 목적을 위해 쓰일 때는 자극적이고 힘을 갖는 것 같아도 그 본질적 가치는 의도했던 목적과 더불어 사라지는 것이 보통이다. 우리는 히틀러 치하의 독일이 생산한 많은 사상과 예술이 얼마나 기초가 없었는지 잘 알고 있다. 마르크스주의 이념을 위해 많은 사람이 철학과 예술에 열정을 쏟아부었다. 그러나 그 노력의 결과는 마르크스주의와 더불어 자취를 감추었다.

예술과 철학에는 언제나 두 가지 기초가 남는다. 그 하나는 순수성이다. 예술과 철학은 그 자체가 목적이어야 한다. 경제적 수단이 될 수도 없고 정치의 도구가 되어서도 안 된다. 아름다움을 추구하며 순수성을 높여가야 한다. 가장 위험한 것은 다른 목적을 위해 그 순수성을 망각하는 일이다. 그 순수성의 출발이자 목표가 되는 것은 인간다움이다. 모든 '주의'와 '이념'은 시대적이다. 그러나 영구한 것은 휴머니즘이다. 참다운 인간성과 인간적 삶에 이바지하는 것이 휴머니즘의 본질이다.

이런 문제를 제기하는 이유는 반석 위에 집을 짓는다는 것은 우리 모두가 인정할 수 있는 인간다움 위에 정치·경제·사회·문화를 건설하는 것이기 때문이다.

인간다운 사고와 삶이 기초가 된다면 그 위에 건설되는 집은 어떤 모습이어야 하는가? 그 물음에 대해 기독교는 두 가지 확고한 답을 제시해 준다. 하나는 인간 목적관이고, 다른 하나는 사랑의 방법이다. 물론 이런 주장은 기독교에만 국한되는 것은 아니다. 종교가 여러 가지 부작용을 내포하고 있으면서도 존재 가치와 의미가 있는 것은 어느 시대 어떤 사회에서도 꾸준히 생명의 존엄성과 인격의 가치를 높여 그것을 구현할 수 있는 원동력을 제시하기 때문이다. 기독교는 그 점에 있어서 다른 어떤 종교보다 확고한 신념과 의지를 강조하고 있다.

하나님은 인간을 위하는 인간 목적을 실현하는 데 원동력과 이념을 제시해 주신다. "하늘에 계신 너희 아버지의 온전하심 같이 너희도 온전하라"(마 5:48)는 교훈이 그것이다.

크리스천이 정치를 하는 이유는 더 많은 사람이 인간다운 자

152

기독교, 아직 희망이 있는가

유와 행복을 누릴 수 있도록 돕기 위해서이다. 그리스도인이 기업을 운영하는 이유는 열심히 일해서 얻은 수입을 소유하기 위해서가 아니라 이웃과 사회의 가난한 사람에게 쓰기 위해서이다. 크리스천 문화인이 학문과 예술에 종사하는 것은 더 많은 이웃에게 인간답고 올바른 가치를 찾아 제시해 주려는 데 그 목적이 있다.

이처럼 크리스천은 누구보다도 인간을 위하고 섬기는 삶의 주인공이 되어야 한다. 휴머니스트로서 존경과 아낌을 받는 삶을 추구하며 실현시켜야 한다. 삶의 단위가 되는 가정에서도 마찬가지이다. 크리스천 가정은 언제 어디서나 모범이 되어야 한다. 기독교는 이러한 인간 목적관과 가치를 실현하는 방법으로 언제나 사랑의 길을 택하고 있다. 개인의 사랑만이 아니다. 사회정책을 수립하는 데도 사랑의 뜻이 있어야 하며 국제무대에서도 인도주의적 사랑에서 뒤져서는 안 된다.

지금 세계 어디서나 이슈가 되고 있는 자유와 평등의 문제도 그렇다. 공산주의자들은 평등을 위해 정의의 질서를 중요시했다. 정의를 힘으로 강요하면 통제와 지배가 된다. 그래서 정의가 평등을 요청할수록 자유는 버림을 받았다. 그러나 자유민주주의 사회에서는 개인들의 자유를 소중히 여긴다. 자유는 선한 경쟁을 낳는다. 그렇게 되면 평등이 약화된다. 그러나 자유보다 더 중요한 사랑을 전제로 삼기 때문에 자연히 그 결과로 평등이 뒤따르게 된다. 공산주의 사회가 정의에서 평등으로 갔기 때문에 통제와 억압을 피할 수 없었으나, 자유민주주의에서는 자유에 사랑이 추가되었기 때문에 경제 발전과 더불어 평등이 뒤따르게 된 것이다.

오래전에 프랑스의 어느 작가가 남긴 이야기가 떠오른다. 프랑스의 사회주의자들은 누가 캐딜락 자동차를 타고 파리 거리를 지나가는 것을 보면 "어떤 놈이 저렇게 좋은 차를 타고 다녀? 내리라고 해서 우리와 같이 걷도록 해"라고 말한다. 그것이 그들이 생각하는 평등이다. 반면 평범한 사람은 어떤 사람이 캐딜락을 타고 뉴욕 거리를 지나가는 것을 보면 "근사한데. 다음에 나도 한번 타고 다녀야지"라고 말한다. 자유를 위해 주어지는 기회가 평등하면 된다고 보는 것이다.

이제 만일 크리스천이 그것을 본다면 무엇이라고 말할까? "참 좋은 차다. 더 많은 사람이 저렇게 고급차를 탈 수 있었으면 좋겠다. 기회가 된다면 나도 타보고 싶다"라고 말할 것이다.

기독교가 가진 하나의 믿음이 있다. 자유와 평등은 모든 사회에서 갈등을 일으키게 마련이지만, 기독교가 사랑의 나무를 키울 수 있다면 그 나무에는 자유와 평등의 열매를 동시에 맺을 수 있다는 믿음이다. 정치인들은 자유는 빼앗는 사람이 갖는다고 말한다. 민주주의의 나무는 피를 빨아먹고 자란다는 말도 있다. 그러나 크리스천들은 서로의 주장을 존중하며 더 많은 자유를 누릴

기독교, 아직 희망이 있는가

수 있도록 서로 도울 때 투쟁을 통해 얻는 것보다 더 많은 자유를 얻을 수 있다고 호소한다.

사회주의자들은 평등은 투쟁의 대가라고 말한다. 그러나 크리스천들은 평등을 뒷받침하는 정의는 인간을 위한 사랑이며 사랑이 정의의 질서를 높여줄 때 진정한 평등이 이루어진다고 가르친다. 정의는 사랑에 의해 완성되기 때문이다.

하늘나라의 현관에는 정의로운 사람이 들어선다. 그리고 정의의 현관을 통해 들어서는 곳은 사랑의 집이다.

이러한 사랑의 사회적 이념을 기독교가 독점한 것은 아니다. 많은 휴머니스트가 추구해왔으며 다른 종교에서도 이와 같은 이상과 목표를 갖고 있다. 그러나 그 사랑을 완성시키는 길을 열고 그 길의 모범을 보여준 것은 바로 기독교 정신이다. 유대교의 경전 구약에서 강조하는 정의의 신앙을 사랑의 종교로 승화시킨 것도 기독교였다. 지금 이슬람교도들이 믿고 따르는 코란경의 정의의 신앙도 신약의 사랑의 정신으로 완성되어야 참 신앙이 된다.

더 많은 사람이 인간답게 살며, 하나님의 자녀답게 은총의 질서에 머물게 되는 길은 사랑의 실천에 있다. 그리스도는 그 사랑을 가르쳐 주셨고 하나님께서는 그 사랑의 하늘나라를 완성시켜 주실 것을 약속하셨다.

이성적 진실과 도덕적 인륜을 의미하는 인간다움

진실하지 못한 사고와 사상 위에는
어떤 건설도 이루어지지 못한다.
그것은 이미 선한 인간다움을 포기한 처사이기 때문이다.

반석 위에 집을 지으라는 것은 진실 위에서만
역사적 건설이 가능하다는 뜻이다.

요즘 주변에서 '가장 한국적인 것이 가장 세계적'이라는 말을 자주 듣는다. 반은 옳은 말이다. 그러나 전적으로 인정하기는 힘들다. 가장 에스키모적인 것이 가장 세계적이라는 뜻이 그대로 통할 수 있는가. 가장 일본적인 것이 가장 세계적인 것이라고 일본이 말했을 때 수긍할 수 있는가. 오히려 가장 세계적인 것은 가장 인간적인 것이다.

인간적이라는 보편성과 한국적인 특수성이 합치될 때 세계적인 것으로 인정받는 것이다. 인간적인 것이 못 되는 한국적인 것은 다른 문화권에서는 받아들여질 수 없다.

종교도 그렇다. 인간적인 것, 인간다움을 거부하거나 배제하면서 기독교가 가장 소망스러운 신앙이라는 주장은 용납되지 않는다.

인간다움이란 무엇인가.

첫째, 이성적이라는 뜻이다. 이성적 사고와 가치를 거부하거나 배제하고는 인간다움은 존립하지 못한다. 이성적 사고와 가치가 추구하는 기본적인 과제는 넓은 의미의 진실성이다. 인간의 삶과 그 의미는 진실 위에 건설되어야 한다. 진실이 아닌 것, 진실을 배제한 곳에는 어떤 건물도 지을 수 없으며 그런 건설 자체가 무의미해진다.

그 진실은 고정된 관념이 아니다. 수학이나 기하학의 진리는 고정된 법칙과 원리로 표현될 수 있다. 그러나 우리 삶의 진실은 계속 밝혀져야 하며 새로운 가치를 창출할 수 있어야 한다. 인간적 삶의 진리가 포함되는 진실이 소망스러운 것이다. 우리 일상생활에서 거짓을 버리고 정직하게 살자는 것이다.

한때 미국의 닉슨Nixon 대통령이 하찮아 보이는 거짓말 한마디 때문에 대통령직에서 쫓겨난 일이 있다. 그때 우리는 "그런 이유라면 한국의 대통령은 한 사람도 남지 못할 것이다"라고 말했다. 공산주의 사회에서는 지도자의 그런 거짓말이 다반사로 벌어졌다.

지도자가 정직성을 포기한다면 그 사회는 존립하지 못한다. 지금도 우리가 우려하는 것은 정직하지 못한 지도자가 유능한 정치인으로 인정받을 정도로 잘못된 사회에 살고 있다는 사실이다.

우리가 공산주의 북한보다 자유민주주의 대한민국을 믿고 사랑하는 근거가 어디 있는가. 그래도 한국 사회가 북한보다 정직하기 때문이다. 진실을 지키고 사랑하는 민족과 사회가 마침내는 반석 위에 집을 짓도록 되어 있다. 이때 이기적 목적 때문에 진실을 외면하거나 왜곡하는 일이 가장 위험하다. 일본의 역사 왜곡 문제는 물론이고 고구려 역사를 둘러싼 정치적 이해관계도 언젠가는 진실이 밝혀지게 되어 있다. 진실은 99퍼센트의 거짓을 버리고 1퍼센트의 진실만 남는 한이 있어도 밝혀지는 법이다.

진실하지 못한 사고와 사상 위에는 어떤 건설도 이루어지지

기독교, 아직 희망이 있는가

못한다. 그것은 이미 선한 인간다움을 포기한 처사이기 때문이다. 반석 위에 집을 지으라는 것은 진실 위에서만 역사적 건설이 가능하다는 뜻이다. 그 원리에는 어떤 종교도 예외가 없다. 기독교도 그 범주를 벗어날 수 없다.

둘째, 인륜성이다. 인간은 사회적 동물이다. 사회생활의 바람직한 질서, 그것을 윤리·도덕 또는 인륜성이라고 부른다. 공동생활의 선한 질서가 무너진다면 어떤 사회, 어떤 역사적 건설도 불가능하다.

근대 역사학의 아버지라 불리는 랑케L.V. Ranke는 "가장 바람직한 국가의 모습은 도덕적 활력이 충일된 사회"라고 말한 바 있다. 통치자는 부강한 나라를 꿈꿀 수 있고 정치 권력이 앞선 국가를 희망할 수도 있다. 그러나 도덕적 활력이 사라지고 부정부패가 근절되지 못한다면 아무것도 건설될 수 없다.

역사적으로도 그렇다. 어떤 민족이나 국가가 도덕적 활력을 갖출 때는 흥하고 발전하지만, 도덕적 생명력을 잃게 되면 모든 것을 상실하게 된다. 산상수훈을 읽어보라(마 5-7장). 예수께서는 선하고 아름다운 인간관계를 강조하셨다. 심지어는 구약의 율법이나 계명보다 이웃에 대한 인간적 도리를 지키라고 가르치셨다. 우리는 그 뜻을 윤리성 또는 도덕성으로 받아들이고 있다. 그 선한 질서 위에 모든 정신적 삶이 성장하며 건설될 수 있는 것이다.

인류적 질서를 파괴하는 주범은 이기적인 사고와 집단이기주의이다. 그것들은 생명체 속에 자리 잡고 있는 암세포와 같다. 개인적으로도 용서받을 수 없는 이기주의자들은 사회로부터 격리되어야 한다. 교도소가 많은 사회를 좋은 사회로 볼 수 없는 것은 교도소는 치유될 수 없는 이기주의자를 위해 존재하기 때문이다.

특히 문제가 되는 것은 집단이기주의자들이다. 그들의 목적이 어디 있든지 간에 그들의 뜻이 강하면 강할수록 사회는 병들게 되어 있다. 마침내 악의 집단이 될 때는 사회의 파멸을 초래할 수도 있다. 후진사회에서는 정당이 이익추구 집단이 되기도 하고, 종교집단이 사회악을 만들기도 한다.

예수 당시에는 종교집단들이 정신적 불행의 원인이 되기도 했다. 이러한 이기적 발상과 이기집단 못지않게 인간다운 도리를 파괴하는 세력은 독선적 사고와 배타적 가치관을 고수하는 개인과 집단들이다. 대개의 경우 그들은 정신적 이기주의자들이다. 그 세력이 득세하면 독재세력이 되며 사회의 선한 질서를 짓밟는 결과를 가져온다.

구약에는 우상을 섬기지 말라는 가르침이 있다. 우리 주변에서도 우상을 섬기는 예는 흔히 볼 수 있다. 바로 보수적인 신앙의 소유자와 정치 이념의 노예가 된 사람들이다. 우리가 공산주의자들의 절대주의적 가치관을 위험시하는 이유는 모든 사람의 삶의 목적과 방향까지도 자신들이 뜻하는 길로 강요하는 까닭이다. 그런 점에서 교조주의적 공산주의자들은 어느 시대, 어느 사회에서나 배척을 받아야 한다. 스탈린 정권 때 구소련의 사회상이나 캄보디아에서 크메르루주가 저지른 행위로도 짐작할 수 있다.

이런 사고방식과 가치관이 문제가 되는 이유는 인류의 공동체가 지향하는 열린 사회의 길을 막기 때문이다. 세계사의 커다란 흐름은 개방 사회를 건설함에 있다. 마침내는 전 인류가 공존하는 사회를 건설하려는 의지의 구현인 것이다. 우리가 폐쇄적인 민족주의나 국가주의를 멀리하는 이유도 거기에 있으며 심지어는 탈脫이데올로기를 선언하는 것도 그 때문이다. 유엔이 세계의 주역을 맡아야 하며 세계 정책이 국가와 민족의 이해관계보다 우선되어야 한다는 요청도 열린 사회로 가는 과정으로 보기 때문이다.

애족심과 애국심은 중요하다. 그러나 다른 민족이나 국가에 피해를 주는 폐쇄적인 애국심이어서는 안 된다. 다른 민족 및 국가와 공존하면서도 그들에게 도움을 주는 열린 애국심으로 승화되어야 한다. 현대사회에서 중요한 것은 좌우의 이념 논쟁이 아니다. 보수와 진보의 정책대결 목표도 누가 더 열린 사회를 지향하고 있는가에 따라 평가되어야 한다.

크리스천은 이러한 역사의 큰 물줄기 안에서 정직과 인간다움의 기초 위에 열린 애국심과 인간애를 실천하는데 앞장서야 할 것이다.

Part 4

예수의 뜻을 실천하는 기독교

크리스천이 지녀야 할 직업관은

모든 가치 있는 일은 이웃과 사회에 대한 봉사이다.
그런 일만이 고귀하게 남을 수 있고
인생을 보람과 영광으로 이끌어준다.

봉사의 의미와 본질을 깨닫고 실천하는 것이
일을 사랑하는 것이다.
그리고 그것이 크리스천의 자세이다.

여러 해 전의 일이다.

어떤 기관에서 청탁이 왔다. 진로 선택에 고민이 많은 고3 학생들을 위해 몇몇 학교에서 강연을 맡아 주었으면 좋겠다는 부탁이었다.

서울 시내의 몇 학교를 방문해 한 시간씩 강연을 하게 되었다. 서울 서쪽에 있는 한 여자고등학교를 찾아갔을 때였다. 교문을 들어서면서 바라보니 건물과 시설이 훌륭했다. 이제는 우리나라도 경제여건이 여유로워져 중고등학교의 시설도 좋아지는 것 같았다.

교장실에 들어가 차를 마시면서 강연 시간을 기다리게 되었다. 교장실을 둘러보니 한쪽 벽에는 당시의 대통령이었던 노태우 씨의 사진이, 맞은편 벽에는 아주 초라해 보이는 시골 아주머니의 사진이 걸려 있었다. 까만 저고리 차림에 화장기 없는 얼굴의 촌스러운 초로初老의 여인이었다.

이상하게 생각한 나는 교장에게 "이 학교가 사립학교입니까? 나는 공립학교로 알고 왔는데요?"라고 물었다. 교장은 공립학교라고 대답했다. 나는 궁금증이 생겨 다시 "공립학교인데 저 아주머니의 사진은 어떻게 된 것이지요?"라고 물었다.

교장은 다음과 같은 이야기를 들려주었다.

사진 속 주인공은 오래전에 남편을 여의고 가족이나 친지도 없이 혼자 남게 되었다. 혼자 남겨지자 스스로에게 이렇게 묻고 다짐했다고 한다.

'사람은 누구나 빈손으로 왔다가 빈손으로 간다고 하지만, 아무 흔적도 남기지 않고 갈 수는 없지 않은가. 나 같은 사람도 뜻만 있다면 무엇인가를 남기고 갈 수 있지 않을까.'

그때 떠오른 생각이 있었다. 자신이 너무 가난한 가정에 태어나 다니고 싶은 학교에도 못 가고, 하고 싶은 공부도 못 한 것이 한이 된다는 것이었다. 그녀는 이제부터 열심히 일해서 번 돈을 자신처럼 가난한 한국의 딸들을 위해 장학금으로 쓰도록 하겠다고 결심했다.

학교장의 말로는 그 아주머니는 먹고 싶은 음식도 사양하고 택시보다 버스를 타고 다니면서 열심히 벌었다고 했다. 목적이 좋아서였을까 일과 사업에 성공했다. 헌신적인 노력의 결과였다.

그런데 불행하게도 암에 걸려 암투병으로 고생하다가 세상을 뜨고 말았다. 병원에 있는 동안에 재산목록을 정리하고 전 재산을 교육부에 바치기로 했다. 가난한 한국의 딸들을 위해서…. 그 재산이 교육부에서 서울시 교육위원회로 넘어가고 다시 그 아주머니의 거주지로 배정되었던 것이다.

그런데 사유재산으로 장학회를 만들려면 운영기관이 세워져야 하고 그것을 관리할 사무실과 직원도 필요하다. 그런데 아무 연

기독교, 아직 희망이 있는가

고자도 없었기 때문에 그 재산으로 학교를 설립하기로 한 것이다. 또 사립학교가 되면 이사회가 구성되어야 하고 재단을 운영할 사무실과 인력 등이 필요해지기 때문에 학교 설립은 그 아주머니의 기부금으로 하되 공립학교 체제로 운영하게 되었다는 설명이었다.

600명가량의 고3 학생들을 대상으로 한 강연을 무사히 끝내고 그 학교를 나오면서 학교 설립자나 다름없는 아주머니의 사연을 곰곰이 떠올렸다. 깊은 감동이 밀려오며 여러 차례 고마운 마음이 들었다.

그리고 얼마의 세월이 지났다. 노태우 전 대통령이 부정축재 문제로 조사를 받고 구치소에 수감되었다는 뉴스를 접했다. 그러면서 다시 한번 교장실 양쪽 벽에 걸려 있던 두 사진을 회상해 보았다.

국민들은 존경할 만한 인물로 두 사람 중 누구를 선택할까. 또 누구를 본받아야 한다고 생각할까. 대통령이라는 간판에 가려진 사회악을 잊어서는 안 된다. 비록 이름 없는 여성이지만, 누구보다도 고귀한 뜻을 남겨준 존재 역시 잊어서는 안 된다.

그 여인이 어떤 종교나 신앙을 가지고 있었는지는 모른다. 그것을 묻는 것은 지혜롭지 못하다. 혹시 시골에서 태어나 자랐다면 불교를 믿었을지도 모르고 아예 종교가 없었을지도 모른다. 그러나 한 가지 확실한 사실이 있다. 그리스도께서는 그런 사람을 찾고 계시며 또 그런 사람을 사랑하신다는 것이다.

우리 모두는 일을 하고 있다. 학생들이 공부하기 위해 학교에 가듯이 우리는 일을 하기 위해 세상에 태어났다고 보아도 좋을 것이다. 아무 일도 하지 않고 일생을 살았다면 그 사람은 인생 자체를 포기한 사람이다. 인간은 무슨 일을 얼마나 많이 했는가에 따라 평가를 받도록 되어 있기 때문이다.

나는 과거에 여러 선진국들을 다니며 여행한 적이 있었다. 그러는 동안에 얻은 결론은 일을 사랑하는 민족이 경제발전은 물론 정신적 풍요로움도 누릴 수 있다는 것이었다. 그리고 일을 사랑하는 것이 기독교의 가장 기본적인 교훈이었다는 점도 배울 수 있었다. 그것은 성경을 읽는 사람이라면 누구나 깨닫게 되는 사실이다.

일을 사랑한다는 것은 몇 가지 뜻을 포함하고 있다. 가장 중요한 것은 돈을 위해 일하는 사람, 돈을 사랑하는 사람은 일을 사랑하는 사람이 되기 어렵다는 점이다. 돈을 벌기 위해 일을 하고, 돈을 번 후에는 그 돈으로 인생을 즐기면 된다고 생각하는 사람은 돈 때문에 향락에 빠질 수 있다. 그 결과 도덕성이 무너진다면 오히려 돈이 불행을 가져올 수 있다. 도덕성이 병든 사회는 모든 것을 잃게 되어 있다.

일을 사랑한다는 것은 인생에서 일의 중요성을 알고 즐겁게 일하는 것을 의미한다. 그러다 보니 일의 대가로 돈도 얻게 되는 것이다. 일에서 행복을 누리며 소득을 통해 인생의 가치도 높일 수 있다. 돈을 위해 일하는 사람은 돈 때문에 인생이 빈곤해지기 쉽지만, 일을 위해 일하는 사람은 일과 더불어 성취와 성공의 희열을 얻는다.

지난 1997년 외환위기를 겪으면서 우리는 월급보다 일이 소중하며 일이 없으면 인생이 공허해진다는 사실을 체험했다. 신나게 일을 즐기면서 한평생을 살 수 있다면 그보다 더 행복한 사람이 어디 있겠는가.

그러나 생각을 한 차원 더 높여보자. 우리가 일하는 궁극적 목적은 어디 있는가. 이웃과 사회에 대한 봉사에 있다. 부모들은 일을 위해 몸을 아끼지 않는다. 자녀들에게 남겨주고 싶어서이다. 예술가는 피곤을 모르고 일한다. 예술의 대가를 사회에 남기기 위해서이다. 우리 선조들은 모든 것을 희생시켜가면서 독립운동을 했다. 후손들의 자유와 주권을 위해서였다.

생각해보면 모든 가치 있는 일은 이웃과 사회에 대한 봉사이다. 그런 일만이 고귀하게 남을 수 있고 인생을 보람과 영광으로 이끌어준다. 봉사의 의미와 본질을 깨닫고 실천하는 것이 일을 사랑하는 것이다. 그리고 그것이 크리스천의 자세이다.

앞에서 말한 여인과 같이 다른 사람에게 주기 위해 일하는 사람, 일을 사회와 이웃을 위한 봉사의 수단으로 생각하는 사람은 그 일을 통해 사람을 위하고 섬기는 가장 고귀한 임무를 다하게 된다. 보물을 하늘나라에 쌓아두라는 가르침은 바로 그런 뜻이다.

믿음은 꿈과 더불어 성장한다

꿈, 즉 소망과 이상을 버린다면 인간은 살아갈 수 없다.
그 꿈은 미래에 대한 기대이자 약속이다.

그 약속이 나와의 약속으로 그친다면
꿈으로 사라질 우려가 있다.
그 약속이 친구나 이웃과 한 것이라면
책임과 의무로 남는다.
그러나 그 약속이 하나님과 한 것이라면
이상과 소망을 넘어 영원한 실재가 된다.
반드시 이루어지는 것이다.

그것은 나의 완성이자 하늘나라 건설의 열매로 남는다.

꿈 이야기 중에 가장 널리 알려진 것은 야곱의 가정을 중심으로 벌어지는 요셉의 꿈에 대한 이야기이다. 요셉은 여러 차례 꿈을 꾸고 그 내용을 가족에게 알려주었기 때문에 '꿈쟁이'라고 불렸다.

그 옛날에는 꿈에 대해 관심이 많았을 것이다. 특히 종교적 신앙생활을 하는 사람들은 꿈에 대한 관심이 컸을 것이다. 성경 속 요셉의 꿈은 야곱의 가정 및 열두 지파의 역사적 사건과 연결되어 있다. 그중에서도 요셉이 이집트의 총리가 된 이후에 벌어지는 일들은 당시 세계사의 큰 사건과 연계되어 있다.

미국의 흑인 인권운동가인 마틴 루터 킹M. L. King 목사가 자기 서재 벽에 "저기 꿈꾸는 자가 온다. 그를 죽여 버려라. 그 꿈이 어떻게 되는가 보자"라는 문구를 써 붙였다고 한다.

킹 목사도 꿈을 가진 사람이었다. 그를 반대하는 사람들이 그를 살해했다. 그는 죽었지만 그의 꿈은 사라지지 않았다. 그 꿈은 지금까지도 미국에서 자유를 갈망하는 흑인사회와 인류에게 새로운 꿈을 안겨주고 있다.

성경을 보면 꿈은 역사적 계시와 같은 역할을 해왔다. 정의의 의지와 신념이 하나님의 뜻과 일치했기 때문이다.

구약에 등장하는 또 다른 꿈 이야기는 요셉의 아버지 야곱의 꿈에 대한 것이다. 아직 소년인 야곱이 형의 미움과 복수를 피해

외삼촌이 사는 곳으로 피신해 갔다. 피신하던 도중에 밤이 깊어지자 야곱은 들짐승들의 울음소리를 들으면서 노상에서 돌베개를 베고 잠이 들었다.

두려움 속에서 잠들었던 야곱은 꿈에 하나님의 천사들을 보고 하나님의 축복을 약속 받는다. 어렸을 때부터 본성이 이기적이고 수단꾼이었던 야곱은 꿈에서 깨어나자 하나님께 서약을 한다. "하나님께서 제가 가는 길을 편안히 가도록 지켜 주시고 먹을 것과 입을 것을 마련해 주셔서 무사히 고향 집으로 돌아가게만 해 주신다면 저는 하나님을 제 하나님으로 모시겠습니다"라는 기도를 드린다. 조건부 약속의 기도를 한 것이다.

그 뒤 야곱은 하나님으로부터 그 모든 것들을 넘치도록 받고 고향을 향해 돌아온다. 네 명의 아내와 열두 아들, 수많은 가축과 막대한 재산의 소유자가 되어 금의환향한다.

그런데 야곱은 귀로 중에 형 에서와 극적인 화해를 한 후 방향을 틀어 세겜으로 내려간다. 그는 그곳에서 딸 디나가 강간당하는 사건이 있기까지 장시간 머문다. 야곱은 하나님과의 약속을 잊고 산다. 모든 일이 뜻대로 이루어지고 너무 풍족했기 때문이다. 그때 하나님은 디나의 사건을 통해 야곱을 일깨우신다. '나는 네가 형을 피해 도망갈 때 너와 맺은 약속을 다 지켰는데 너는 나를 잊었느냐'는 경고였다.

기독교, 아직 희망이 있는가

야곱은 즉시 일어나 온 가족에게 경건하게 제사 준비를 갖추게 하고 처음 하나님을 뵈었던 벧엘로 가 경배를 드리며 하나님께 사죄를 청한다. 이제 야곱에게 자녀와 가족, 수많은 재산 등은 하나님보다 앞설 수 없었다. 그 모든 것은 자신의 소유가 아니라 하나님께 바쳐지는 제물과 같은 것이라고 생각했다.

그런 결단과 실천이 따른 후에, 하나님은 아브라함, 이삭과 더불어 야곱의 하나님이 되어주셨다. 야곱은 결국 열두 지파의 선조가 된다.

이것도 하나님의 꿈에 얽힌 이야기이다. 야곱의 일생은 꿈으로 시작해서 그 꿈의 실현으로 완결된다. 그 꿈은 하나님과의 약속이었던 것이다.

오늘도 많은 크리스천이 야곱과 같은 생애를 산다. 어려서 부르심을 받고 평생 동안 하나님의 보호와 이끄심을 받으면서 살아간다. 그러나 우리는 하나님과의 약속을 잊은 채 살고 있다. 세상의 즐거움이 그 약속을 잊게 만들었기 때문이다. 그러다가 생애가 끝날 즈음, 인생의 황혼기를 맞이한다. 그때 하나님께서 다시 찾으신다. "나는 너와의 약속을 지켜왔는데 너는 너무 오랫동안 나와의 약속을 잊고 살아오지 않았느냐"라고 물으신다. 우리는 그때에야 비로소 자신을 돌아보게 된다. 모든 것을 뒤로 미루고 비로소 하나님 앞에 서게 된다.

나도 그런 사람 중의 하나이다. 어렸을 때 했던 하나님과의 약속을 잊고 살았다. 그동안 학업과 직장생활로 바쁘게 지내면서 내가 원하던 것들을 얻을 수 있었다. 하나님께서 나에게 약속했던 모든 것을 이루어 주셨다. 그리고 지금은 생애의 석양을 맞이하고 있다.

가능하다면 실향민의 신세를 벗어나 옛 고향을 찾고 싶다. 내가 어려서 기도를 드리던 산의 바위 밑을 찾아가 마지막 기도를 드리고 싶은 심정이다. "아버지, 길고 긴 세월이었습니다. 그동안 아버지께서는 저와의 약속을 모두 이루어 주셨습니다. 그러나 저는 그 약속을 멀리한 채 제 마음대로 살다가 뒤늦게 이곳을 찾아 왔습니다. 이제는 저에게 주셨던 온갖 것들을 남겨두고 아버지 품으로 돌아갈 때가 왔습니다"라고 기도드리고 싶다.

그것이 인생이다. 우리는 모두가 야곱과 같은 꿈으로 인생을 시작했다가 그 꿈의 마지막에 하나님께로 다시 돌아가는 것이 아닐까.

물론 꿈은 꿈이다. 꿈 이상의 것은 아니다. 그러나 인간은 모두 꿈을 꾸며 산다. 그 꿈이 때로는 회의와 절망 속에서 희망이 되기도 한다. 어렸을 때의 꿈은 희망과 이상의 대명사이다. 그 꿈이 일생을 좌우하곤 한다.

꿈, 즉 소망과 이상을 버린다면 인간은 살아갈 수 없다. 그 꿈은 미래에 대한 기대이자 약속이다. 그 약속이 나와의 약속으로 그친다면 꿈으로 사라질 우려가 있다. 그 약속이 친구나 이웃과 한 것이라면 책임과 의무로 남는다.

그러나 그 약속이 하나님과 한 것이라면 이상과 소망을 넘어 영원한 실재가 된다. 반드시 이루어지는 것이다. 그것은 나의 완성이자 하늘나라 건설의 열매로 남는다.

꿈은 주로 어렸을 때 품게 된다. 어른들은 꿈을 꾸지 않는다. 하지만 모든 크리스천은 믿음의 길에 들어서면서 다시 한번 어린 시절로 태어나는 법이다. 그래서 신앙인들은 꿈과 더불어 살게 되는 것이다.

사랑의 경쟁이라면 무한경쟁이어도 좋다

사랑이 있는 선의의 경쟁은
우리에게 주어진 최선의 경쟁이다.
그런 사랑의 선택은 도덕과 종교가 가르쳐 주는
고귀한 교훈이다.

그러므로 사랑이 있는 경쟁이라면
무한경쟁이어도 좋다.

우리는 무한경쟁 시대에 살고 있다. 부담스럽기는 해도 누구나 인정하는 사실이다.

생각해 보면, 인간으로 태어났다는 사실, 그리고 인간은 사회적 존재라는 현실 자체가 경쟁을 운명으로 받아들이게 했을 것이다. 동물세계에도 생존경쟁이 치열한데 인간사회에 경쟁이 없을수 있겠는가.

그런데 경쟁 때문에 우리는 고통과 불행을 자초하기도 하고반대로 행복과 기쁨을 누리기도 한다. 인간 역사가 지속되는 동안은 크고 작은 경쟁은 그치지 않을 것이다. 현대사회가 무한경쟁의궤도를 더 속도를 내서 달리고 있다면 그 경쟁의 결과는 과거 어느 시대보다도 더 심각해질 것은 의심의 여지가 없다.

과장해서 말한다면 잠자는 시간을 제외하고는 경쟁 무대에서승부를 가리면서 사는 것이 인생일지 모른다. 현대인들은 그 대가를 치르고 있는 것도 사실이다.

우리의 삶을 정리해 보면 경쟁에는 두 가지 큰 흐름이 있는 것 같다.

그 하나는 이기적 목적을 위한 경쟁이다. 그런 경쟁은 주로소유를 위한 경쟁으로 나타난다. 경제적 욕망과 정권욕, 명예욕을채우기 위한 경쟁, 성적 욕망에 따르는 갈등은 모두 이기적 소유를 위한 경쟁이다. 또 그런 것들은 인간적 본능에 속하는 것이기 때문에 거부할 수도 없고 부정적으로만 바라볼 수도 없다.

그러나 확실한 것은 이기적 경쟁이 삶의 전부라면 인간은 행복할 수도 없고 공존의 즐거움은 유지되지 못한다는 사실이다. 소유의 많고 적음에 따라 계층이 생기며 독점욕에 빠지게 되면 사회적 다수가 고통과 불행에 시달리게 된다.

빈부의 격차와 권력의 독점은 개인의 노력으로는 해결할 수 없는 사회악의 원인이 되기도 한다. 결국 이기적 경쟁은 악과 불행을 낳는 원천이 된다. 이처럼 악으로의 길을 선택하는 것은 모두가 삼가고 경계해야 할 일이다.

그런 고통과 불행을 극복하기 위해 우리는 경쟁의 또 하나의 흐름인 선의의 경쟁을 요청해왔다. 선의 가치가 보장되는 공존의 질서 속에서의 경쟁이다. 그런 노력이 정권과 부를 쌓기 위한 경쟁에서는 결실을 거두기 어렵기 때문에 올림픽이나 월드컵 같은 국제적 운동경기를 통해서라도 찾아야 한다는 주장이 설득력을 얻고 있는 실정이다. 사람들이 정권욕의 노예가 된 정치인들보다 페어플레이를 하는 운동선수들에게 더 박수를 보내는 이유가 거기에 있다.

바꿔 생각해 보면 정신적 가치를 추구하는 사회에서는 소유를 위한 이기적 경쟁은 용납되지 않는다. 그런 사회에서는 학자다운 학자나 예술을 사랑하는 예술가는 이미 소유욕을 떠나 있다.

　　　　　　　　　기독교, 아직 희망이 있는가

이기적 경쟁은 승리보다 패배를 자초한다는 사실을 스스로 깨닫기 때문이다. 소유욕의 노예가 되었거나 심지어 명예욕의 굴레를 벗어나지 못한 사람들은 정신적 가치를 상실하기 때문에 자기모순에 빠질 수 있다.

우리는 선의의 경쟁을 라이벌 의식으로 받아들이기도 한다. 선한 목적과 사회를 위해 누가 더 많이 공헌하고 앞서는가를 따지게 된다. 선의의 경쟁에서 필요한 것은 앞서는 편에는 박수를 보내고 뒤졌다고 해도 다음 기회를 위해 격려할 수 있는 넓은 아량의 자세이다.

물론 이런 라이벌 의식이 다시 자신을 위한 이기적 경쟁으로 퇴락할 수도 있다. 그것은 진정한 의미의 선의의 경쟁은 못 된다. 패자를 격려하는 뜻이 있어야 선의의 경쟁이다. 정신적 가치의 영역은 넓고 다양하기 때문에 이기적인 경쟁으로 좁혀지지 않는다. 따라서 이기적 경쟁도 선한 방향과 공존의 질서를 위해 선의의 경쟁으로 승화되어야 한다. 정신적 가치와 목표를 접목시키는 것이 사회적 요청이며 그 뜻은 보편적 의미를 갖는다.

사회생활에서 그런 정신적 기능을 담당하는 것이 정의관이다. 이기적 경쟁 속에서도 정의를 위한 기대와 노력이 필요하며 선의의 경쟁 중에서도 정의, 즉 사회적 가치로서의 기준이 유지되어야 한다.

선의의 경쟁이 있기에 개인과 사회는 성장을 보장받을 수 있고 역사는 더 높은 목표에 도달할 수 있다. 여기서 주의할 것은 이기적 경쟁이 사회적 불행을 초래할 수 있듯이 선의의 경쟁도 무한경쟁으로 끝없이 달리게 되면 개인의 고통과 사회적 불균형이 불가피해진다는 점이다. 우리가 무한경쟁이라는 개념 속에서 인간적 선의와 아름다운 관계가 약해지고 불행과 피로감이 닥칠 것을 예상하는 이유가 거기에 있다. 인간의 행복은 자족과 휴식이 없는 경쟁만으로는 이루어지지 않기 때문이다.

과거 농경사회를 살던 우리 선조는 오늘날과 같은 경쟁의 메커니즘 사회에 사는 우리보다 더 행복했을 것 같다. 경쟁에서 오는 피로와 마음의 부담이 적었을 테니까. 교통수단이 발달하지 않아 불편했지만, 교통사고로 인한 고통과 불행은 없었을 것이다. 옛날로 거슬러 올라갈수록 자연과 더불어 사는 유유자적함이 있었으리라.

그렇다고 우리가 100년 또는 1000년 전의 과거로 되돌아갈 수는 없다. 다만, 이런 무한경쟁에서 오는 갈등과 고뇌를 더 높은 차원으로 끌어올릴 수 없을까를 고민해야 한다. 과연 무한경쟁 사회에서 벗어나 좀 더 착하고 아름다운 삶과 사회를 키워가는 일은 불가능할까?

우리의 삶을 살펴보고 자성해 보면 우리가 발견하지 못했던 인간 본연의 경쟁 아닌 경쟁이 있었음을 깨닫게 된다. 쉽게 표현하면 사랑이 있는 경쟁이라고 부를 수 있을지 모르겠다.

그 문제를 우리의 일상생활에서 찾아보기로 하자.

한때 어떤 이들은 나와 내 친구 안병욱 교수와의 관계에 대해 묻곤 했다. 둘이 같은 분야에서 비슷한 일을 한다는 이유로 라이벌관계에 처하게 되고 앞서려는 경쟁의식을 갖게 되지 않느냐는 것이었다.

물론 라이벌 의식은 있었다. 그러나 나는 나보다 안 선생이 더 오래 남아 더 많은 일을 해주기를 바라고 기원했다. 사회와 이웃을 위해서는 우리 둘 모두의 노력이 소중하기 때문이었다. 나에 대한 안 선생의 생각도 마찬가지였다. 우리 둘은 모두 탈북한 실향민이다. 그러니 우리를 품에 안아준 대한민국을 위해서는 서로가 더 많은 봉사를 하도록 돕는 것이 당연한 의무라고 생각했다. 안 선생이 나보다 더 보람 있고 가치 있는 일을 많이 남길 수 있다면 내가 그 분을 돕는 것은 당연한 일이었다.

그것도 경쟁이라고 본다면 사랑의 경쟁이라고 할 수 있을지 모르겠다. 나는 내 아들딸들이 나보다 더 훌륭하게 사회에 봉사하기를 염원한다. 그렇다면 내 제자들도 나보다 더 존경받는 훌륭한 인물이 되도록 염원해야 마땅하지 않겠는가. 그것이 스승이 제자를 위하는 도리이자 의무이다.

　나 같이 부족한 사람도 교수생활을 하면서 내가 속한 대학에
관심을 갖고 대학을 위하는 마음을 갖는 것에 큰 어려움을 겪지
는 않았다. 내가 잘나서 그런 것이 아니라 그런 마음은 자연스럽
게 섬김의 자세에서 나오기 때문이다.

　대학에서 두세 차례 어떤 보직을 맡아달라고 요청을 받은 적
이 있었다. 그때마다 나는 동료교수들 가운데 나보다 더 유능하고
장래성 있는 이를 추천하는 것이 옳다고 생각했다. 또 대학은 내
의견을 존중해 그 뜻을 수용하는 것이 보통이었다.

　한번은 총장으로부터 학생상담소 책임을 2년만 맡아달라는
요청을 받았다. 그러면서 교무위원을 끝낸 나에게 그 일을 부탁하
는 것은 장관직을 끝낸 이에게 국장이나 과장 직책을 맡아달라는
것처럼 미안한 부탁이지만, 김 선생은 학교를 위해 사양하지 않을
것 같기에 청하는 것이라고 덧붙였다.

　나는 이틀간 여유를 달라고 말했다. 더 유능한 교수를 찾아보
다가 결국 내가 2년간 그 보직을 맡기로 했다. 대학과 학생을 위
해서 응당 그래야 했기 때문이다.

　그런 마음자세를 갖게 된 것은 도산 안창호 선생과 인촌 김성
수 선생 두 분을 통해 자신보다 더 유능한 일꾼을 찾아 그들이 많

은 일을 할 수 있도록 뒷받침하는 사랑의 미덕을 배웠던 덕분이다. 세월이 지난 후에 나의 선택이 직장과 사회를 위해 건설적인 봉사가 되었다는 사실을 확인할 수 있었다.

만일 그것을 사랑이 있는 선의의 경쟁이라고 본다면 그것이 우리에게 주어진 최선의 경쟁이 아닐까라고 묻고 싶다. 그런 사랑의 선택은 도덕과 종교가 가르쳐 주는 고귀한 교훈이다. 그런 의미에서 사랑이 있는 경쟁이라면 무한경쟁이 되어도 좋겠다는 생각을 하게 된다. 그것이 그리스도의 가르침이기 때문이다.

삶에 하늘나라의 한 부분이 있어야 한다

하나님의 나라는
크리스천들이 삶을 함께하는
신앙의 공동체 안에 있어야 한다.

그 공동체는 가정일 수도 있고 직장이 될 수도 있다.
한 번도 우리 가정에 주의 뜻이 머물지 않는다면
어떻게 신앙인의 가정이 되겠는가.
비록 직장 안에 크리스천 동료들이 없거나 적다고 해도
그 일터에 머물고 있는 나에게는
주님의 뜻과 하늘나라의 한 부분이 있어야 한다.

'하늘나라는 어디에 있는가?'라는 물음은 질문이 되지 못한다. 하늘나라는 공간적 존재가 아니기 때문이다. 그렇다고 하늘나라는 어디에도 없다고 말한다면 그것도 말이 되지 않는다. 신앙 자체를 거부하는 결과가 되기 때문이다.

예수께서는 어째서 사람의 아들로 오셨는가? 하늘나라를 선포하고 그 뜻을 실천하기 위해서였다.

그렇다면 예수께서 선포하고 약속해주신 하늘나라는 어디에서 어떻게 이루어지는가? 그 대답은 간단하다. 하나님의 뜻이 머무는 때에 하나님의 뜻이 머무는 곳에서 이루어진다. 여기서 중요한 것은 먼저 하나님의 뜻이 성취되도록 하는 주체로서의 인간이다. 예수께서 사람의 아들로 오심으로써 하나님과 사람을 연결 지었다는 사실이 중요하다. 그래서 하늘나라가 머무는 곳은 사람과의 공간이며 이루어지는 때도 인간과의 시간이다. 하늘나라는 하나님과 인간이 맺어지는 때와 공간이다. 그 인간 중의 하나가 나 자신인 것이다.

우선 하늘나라가 이루어지는 곳은 어디인가? 믿는 사람들의 마음과 영혼이다. 내 마음과 영혼에 하늘나라가 없다면 달리 있을 곳이 없다. 그리고 지금 있어야 한다. 과거에는 있었는데 지금은 없다면 그것은 의미가 없다. 지금 없으면 아직 나타나지 않은 미래에도 있을 수 없다. 하늘나라는 지금 내 안에 있어야 한다. 하나님께서 그리스도와 더불어 내 안에 머무시기 때문에 하늘나라가 시작되는 것이다.

바울은 그렇게 이루어진 마음에는 사랑·기쁨·평화·인내·친절·선행·진실·온유·절제 등이 머문다고 말했다(갈 5:22-23, 공동번역성경). 그와 반대되는 것들은 하나님의 나라를 차지할 수 없다고 가르쳤다. 이 성령의 열매들은 곧 하늘나라에 속하는 것들이다.

이렇게 나와 더불어 이루어져야 할 하늘나라를 평생 다른 곳에서 찾아다니는 어리석은 일을 해서는 안 된다. 하나님의 뜻이 내 안에 머물고 하나님 아버지의 나라가 나와 더불어 성취되어야 한다.

그리고 하나님의 나라는 크리스천들이 삶을 함께하는 신앙의 공동체 안에 있어야 한다. 그 공동체는 가정일 수도 있고 직장이 될 수도 있다. 한 번도 우리 가정에 주의 뜻이 머물지 않는다면 어떻게 신앙인의 가정이 되겠는가. 비록 직장 안에 크리스천 동료들이 없거나 적다고 해도 그 일터에 머물고 있는 나에게는 주님의 뜻과 하늘나라의 한 부분이 있어야 한다.

안타깝게도 많은 크리스천이 우리 가정에 머물러야 할 주님의 뜻과 우리 직장에서 이루어져야 할 하나님의 섭리가 무엇인지 묻지 않는다. 어떤 경우에는 그 직장을 떠난 뒤에야 하나님께서

기독교, 아직 희망이 있는가

그 직장에서 나와 함께해 주셨다는 사실을 깨닫기도 한다. 주의 이름으로 모이는 곳에는 주님께서 같이 해주시며 주의 뜻을 가지고 일하는 곳에는 하늘나라가 자리 잡는 법이다.

이 믿음의 공동체를 대표하는 곳이 교회이다. 어떤 교단과 조직체에 속하든지 공동체로서의 교회에는 하나님의 뜻이 머물러야 하며 교회는 하늘나라의 한 지체이자 부분이어야 한다.

그리고 이러한 교회는 대내외적으로 책임과 의무가 따른다. 하늘나라를 성취시키는 책임과 교회를 통해 세상나라를 하늘나라로 변화시키는 의무이다. 교회주의에 빠지는 사람들은 교회를 둘러싸고 있는 세상나라에는 큰 관심을 갖지 않는다. 교회 안에서 자족하고 교회와 더불어 세상적인 만족을 얻으려고 한다. 그것은 위장이나 심장이 전신에 대한 책임과 의무를 망각하고 독립적으로 존재할 수 있다고 착각하는 것과 흡사하다.

하늘나라는 인간이 있는 곳이라면 어디에나 이루어져야 하며, 내가 내 가족을 본능적으로 사랑하듯이 크리스천들은 신앙적으로 모든 불신자들을 주의 이름과 뜻으로 사랑해야 한다. 그러기 위해서 우리는 복음의 진리를 전달하며 인간적 사랑을 베푸는 것이다.

모든 이웃, 즉 전 국민이 하나님의 자녀가 되도록 기도하며 노력해야 한다. 세계적으로 하나의 조직인 가톨릭의 교황청은 전

인류가 그리스도의 진리를 깨닫고 사랑의 형제가 되기를 염원한다. 마찬가지로 교단이 나뉘어 있는 개신교의 교회와 교우들도 마침내는 온 국민과 전 인류가 하늘나라의 구성원이 될 수 있도록 기원하며 그 일에 동참해야 한다.

이렇게 생각을 정리하면 하늘나라는 나에서 시작해서 그리스도를 믿는 모든 공동체 속에 머물러야 하며, 마침내는 하나님의 뜻이 인류의 역사를 완성시킬 때까지 우리와 후손들의 사명으로 주어지는 것이다.

어둠을 빛으로 바꾸며 밀가루를 빵으로 변화시키듯이 우리의 삶과 그리스도의 뜻을 통해 하늘나라는 계속 확대되며 건설되어야 한다. 개인의 일생도 하늘나라 건설을 위해 노력할 때 의미가 있으며, 인류의 역사도 하나님의 뜻으로 채워져 하늘나라를 건설할 때 완성되는 것이다.

하늘나라는 자연적 공간과 장소에 국한되는 것이 아니다. 정신적 공간, 즉 정신적이며 영적인 삶이 은총으로 채워지는 영원성을 뜻한다. 만일 대부분의 크리스천이 지닌 생각대로 '나는 조국을 위해서, 조국은 인류를 위해서, 인류는 그리스도의 뜻을 위해서'라는 신앙고백이 용납된다면 하늘나라는 나로부터 출발해서 그리스도의 뜻으로 채워지는 과정을 거쳐 완성된다고 보아도 좋을 것이다.

사도 바울은 하늘나라의 완전한 성취는 개인들의 사후에도 가능하며, 역사의 종말에 완성될 것이라고 설명했다. 그것은 인간이 그리스도의 뜻을 따라 건설하는 하늘나라, 하나님께서 완성하시는 하늘나라가 진정한 하나님의 나라라고 믿었기 때문이다.

누가 주님이 기뻐하시는 역사를 건설할까

사회 지도층에 있는 크리스천이 변해야 한다.
신뢰와 존경의 대상이 되어야
그리스도의 일꾼으로 쓰임 받을 수 있다.

큰일을 해서 유명해지는 것은 누구나 원하는 바이다.
그러나 겉으로 드러내지 않고
조용히 주께서 기뻐하시는 일을 하는 사람이
역사를 건설하는 법이다.

서양인들의 건축 전통에 따르면, 우리의 단독주택 개념인 일반 가정집은 지하실, 일층 거실, 이층 서재와 침실로 이루어져 있다. 지하실은 주로 창고로 사용한다. 물건들을 넣어두었다가 필요할 때마다 올려다 쓰고 다시 지하실에 보관한다. 따라서 종일 불을 켜놓을 필요도 없다. 밤에는 더욱 내려갈 이유가 없어진다.

이층은 잠을 자거나 책을 읽으면서 공부할 때 사용한다. 휴식과 정신적 양식을 얻는 곳이다. 따라서 종일 이층에만 머물지는 않는다. 이에 비하면 일층 거실은 온 가족의 공동 생활 공간이다. 가족들이 함께 머물면서 식사도 하고 손님을 맞이하기도 한다. 모든 가정사는 일층에서 추진되고 벌어진다. 가장 많은 활동이 일층을 중심으로 전개되는 것이다.

우리의 생활도 그렇다. 물질적인 소유의 대상이 되는 것들은 지하실에 보관해둔다. 필요할 때 찾아서 사용하면 된다.

그런데 현대인들은 종일 지하실에서 산다. 무엇을 먹을까, 무엇을 입을까, 어떻게 돈을 벌어 더 많은 것을 소유할 수 있을까에 온갖 정성을 바치고 있다. 경제와 돈, 정치와 권력, 명예와 인기에 목을 매는 것이다. 그런 것들은 삶의 목적이 될 수 없다. 많이 소유할수록 정신적으로는 빈곤해진다. 더 많은 시간을 빛이 없는 지하실에서 살게 된다. 지하실에 들어가는 문에는 '욕망과 소유'라는 문패가 붙어 있다.

지하실에 보관된 물건도 지나치게 많으면 부담스러워진다. 적절히 양을 조절하는 자세가 필요하다. 우리 선조는 청빈淸貧을 가르쳤다. 물질적으로는 최소한의 소유로 만족하는 사람이 더 귀한 인생을 산다는 뜻이다.

　　한편 지나치게 많은 시간을 이층에서만 보내는 것도 바람직하지 못하다. 과거의 종교 지도자들이 대부분 그렇게 살았다. 불교에서는 지하실은 없는 것이 바람직하다고 여겼다. 또한 일층으로 내려가는 일도 삼가곤 했다. 그래서 출가를 했던 것이다. 기독교에서는 수도원 제도가 생기고 수도사들이 속세를 떠나 사는 것을 높이 평가했다.

　　이처럼 거룩함을 찾는 것은 인간의 정신수련을 위해 필요했다. 그러나 경건함은 귀하지만 나만의 경건은 헌신적 의미가 약하다. 홀로 있는 거룩함은 나와 하나님의 관계를 향상시킬 수는 있어도 나와 인간, 이웃과의 유대를 단절시킬 수밖에 없다.

　　그렇다면 가장 소망스러운 삶은 무엇인가? 가장 인간답게 사는 것이다. 모든 의무와 책임을 인간관계에서 전개해 나가는 일이다. 가족관계를 화목하게 이끌어가고, 이웃과의 관계를 선하고 아름답게 유지해가며, 민족과 국가에 대한 사회적 임무를 건설적이고 보람 있게 발전시켜가는 일이다.

　　그 일을 원활히 감당하기 위해 지하실의 소유물들을 활용할

기독교, 아직 희망이 있는가

수 있고 이층에서 새로운 사상과 정신적 양식을 얻을 수 있다. 여기서는 모두 서로를 위해 충실히 봉사하려는 목적을 달성하는 데 그 의미가 있다.

종교 지도자들은 그 책임을 위해 이층에 머무는 시간이 많을 수도 있다. 신부·목사·신학자 등의 종교 지도자들은 주로 이층에 머물면서 일층에 있는 평신도들에게 말씀과 진리를 제시해 주어야 한다. 초대교회 사도들의 역할이 그러했다.

한편 일반 국민들은 일층에서 주어진 진리의 교훈을 실천하는 임무를 다해야 한다. 정치 일선에서는 모범적인 정치활동을 해야 하며, 경제계에서는 바람직한 기업 경영을 통해 국민경제에 이바지해야 한다. 사회 모든 영역에서 정신적 가치와 의의를 충족시킬 수 있도록 선택과 정진을 게을리 해서는 안 된다.

한때는 교회가 그 책임을 다하지 못했기 때문에 사회참여의 필요를 제창하기도 했고, 민중신학을 앞세워 정치적 발언과 참여에 앞장서기도 했다. 그리고 그 일선에 신부·목사·신학자들이 서기도 했다.

말씀과 진리를 신도들에게 가르치고 전달한다는 것은 신도들에게 그리스도인다운 발상과 인생관 및 가치관을 제시해 주는 책임을 의미한다. 예수께서 제자들에게 전해준 것은 신학이나 교리가 아니었다. 율법과 계명을 그대로 전달하는 일은 더더욱 아니었다.

예수께서는 앞으로 무엇을 위해 어떻게 살아야 하는가를 가르치셨다. 갈릴리 호숫가에 모인 수천 명의 사람들에게 바른 삶의 방향과 가치를 가르친 다음에는 다 집으로 돌려보내셨다. 다시 삶의 현장으로 돌아가 농사를 짓고 양을 치며 공직을 계속하되 새로운 목적과 방법을 가지고 살아가도록 가르치신 것이다. 오늘날의 개념을 빌린다면 바람직한 인생관과 가치관을 제시해 주셨던 것이다.

지금도 그렇다. 크리스천 정치인들은 새로운 발상과 도덕관을 갖고 정치에 임해야 한다. 기업인들은 소유욕을 줄이고 사회에 기여하는 마음으로 사업에서 모범을 보여주어야 한다. 교육자들은 학생들의 장래와 인격을 위해 부단히 연구하며 개선하는 일을 게을리해서는 안 된다. 학자들과 예술가들은 아름다운 인격과 선한 질서를 해치지 않으며 인간 목적관에 부합하는 연구와 창작에 뜻을 두어야 한다.

얼마 전 한 정치인으로부터 현재 부정 청탁, 뇌물 수수 등 불법행위와 관련되어 법적 조사와 제재를 받고 있는 사람들의 대부분이 교회의 장로들이라는 얘기를 들었다. 그것도 대형 교회의 장로들이라고 했다. 그들이 대통령과 함께 조찬 기도회에는 열심히 참석했던 모양이다.

사회 지도층에 있는 크리스천이 변화해야 한다. 신뢰와 존경의 대상이 되어야 그리스도의 일꾼으로 쓰임 받을 수 있다. 큰일을 해서 유명해지는 것은 누구나 원하는 바이다. 그러나 겉으로 드러내지 않고 조용히 주께서 기뻐하시는 일을 하는 사람이 역사를 건설하는 법이다.

양심과 도덕이 아니라 믿음이 인간을 구원한다

기독교가 천국과 지옥이라는 상징적 표현을 쓰는 것은
비교적 선한 삶과 악한 삶을
상대적으로 구별하려는 뜻이 아니다.
하나님의 뜻과 사랑에 따라 구원을 받을 수 있는가,
그렇지 못한가를 구별하기 위한 것이다.

인간적인 선과 악은 세례 요한까지의 문제로,
하늘나라에서는 극히 작은 것에 속한다.
그리스도 이후에는 인간의 완성과 구원을 위한 믿음이
하나님의 은총이라는 관점에서 재평가되는 것이다.

나와 함께 연세대학교 철학과에 재직했던 동양철학과의 구본명 교수가 생각난다. 그가 우리 대학에 왔을 때, 내가 성경전서를 선물한 일이 있다.

　　몇 달이 지난 뒤 구 교수가 "김 선생이 주시기도 했고, 또 한 번은 읽어야겠다는 생각에 구약을 읽고 있는데 상상했던 것보다 부끄럽기도 하고 민망한 기록들도 많이 나오더군요. 아버지를 취하게 만들고 딸이 동침을 해서 후손을 얻는 이야기도 있고, 잔인하게 원수를 갚으면서 하나님이 이스라엘 민족을 사랑하는 뜻으로 호도하기도 하고요"라고 말했다.

　　나도 그 말에 동의하면서 이렇게 말했다.

　　"그 당시의 사회 풍조가 지금과 달랐던 점도 있으나 역사적 기록이기 때문에 숨기거나 조작할 필요가 없었을지도 모릅니다."

　　내 이야기를 들은 구 교수는 "하긴 그것이 옳을 것입니다. 종교적 경전이라고 해서 나쁜 면들은 숨기고 좋은 사건들만 부각시킨다든지, 진실을 은폐하거나 왜곡시킨다면 진리로서의 가치가 훼손될 수 있을 테니까요"라며 "모든 도덕과 윤리적 평가가 그러하듯이 종교도 진실로부터 출발해 신앙적 평가를 받아야 할 것입니다"라고 말했다.

　　예로부터 인간의 본성을 말할 때, 성선설과 성악설이 대조를 이뤘다. 공자는 인간의 본성을 선한 것으로 보았고 맹자는 그것을 학설화했다. 그런가 하면 서양의 홉스T. Hobbes나 쇼펜하우어A. Schopenhauer는 성악설의 편에 서기도 했다.

대부분의 사람이 인간은 그중에 어느 하나일 것이라고 생각한다. 기독교의 경우 인간은 하나님의 형상을 따라 지음받은 피조물이기 때문에 (하나를 선택해야 한다면) 성선설에 속한다고 보는 편이다. 불교도 본질적으로는 성선설에 근거를 두고 있다.

그러나 현실은 그렇게 간단하지 않다. 성선설을 믿던 사람도 날로 증가하는 사회악과 역사의 비극을 직시하면서 인간이 이렇게 간악한 존재였던가를 깨닫게 된다. 흔히 말하는 원죄관념은 인간의 힘으로는 해결할 수 없는 악의 근원적인 존재성을 뜻한다. 인간 내면에 선함보다 악함이 더 크게 존재한다고 생각하면 성선설을 받아들일 수 없다.

최근 신학자들 중에는 신의 존재를 의심하거나 거부하는, 신이 존재하지 않거나 신이 죽었다는 신학이론을 전개하는 경우도 있다. 인간의 상상을 초월한 사회악을 목격한 사람들이 선한 능력의 신을 믿을 수 있겠는가. 이런 현실을 보면 철학자들이 세계악이라는 개념을 사용할 만도 하다.

사실 기독교는 성선설을 그대로 믿지는 않는다. 예수께서도 사람들 마음속을 다 아셨기 때문에 스스로를 그들에게 맡기지 않

기독교, 아직 희망이 있는가

왔다고 성경에 기록되어 있다(요 2:24-25). 예수께서 자신을 해하려고 악을 저지르는 헤롯을 여우라고 지칭하기도 했다(눅 13:32). 예수께서 십자가를 지시지 않을 수 없었다는 것은 악의 세력이 얼마나 강했는지를 반증하는 것이다.

오히려 성경은 인간의 본성과 운명을 있는 그대로 받아들였다. 아브라함의 경건성만 기록한 것이 아니다. 또 이삭이 착하기만 하고 무능했던 점도 탓하지 않았다. 평생 동안 수단방법 가리지 않고 이기적으로 살았던 야곱도 책망하지 않았다. 그럼에도 성경에서 "아브라함의 하나님, 이삭의 하나님, 야곱의 하나님"이라고 표현한 것은 그들이 모든 인간을 대표하며, 우리도 그들 중의 하나이기 때문이다.

성경은 더 높은 차원에서 인간의 본성과 운명을 성찰케 한다. 도덕적으로 선과 악의 대립적인 위상이 아니라 죄와 구원의 차원에서 인간을 재평가하고 있다. 그 결론은 간단하다. 인간은 얼마나 양심적이고 도덕적이냐에 따라 좀 더 선해지고 악해질 수는 있으나 그 선악 판단이 인간을 구원할 수는 없다는 사실이다.

큰 짐을 다루는 저울대는 웬만한 무게의 물건에는 움직이지 않는다. 큰 물건만 취급했기 때문이다. 양심도 마찬가지이다. 양심이 무딘 사람은 큰 과오와 악을 저지르고도 양심의 가책을 느끼지 않는다. 다른 큰 악에 비하면 아무것도 아니라고 생각한다.

반면, 양심이 깨끗한 사람은 약국이나 화학실험실에서 사용하는 저울대와 같아서 아주 작은 실수와 말 한마디에도 고통을 느낀다. 법적으로 용서받을 수 있는 일임에도 양심의 가책을 받는다.

그러나 양심은 무엇이 선이며 무엇이 악인지는 알려주지만 그 죄악을 저지른 인간을 구원하지는 못한다. 오히려 후회와 고통의 짐을 더해줄 뿐이다.

바울은 "오호라 나는 곤고한 사람이로다 이 사망의 몸에서 누가 나를 건져내랴"(롬 7:24)라고 호소했다. 그래서 주께서는 양심과 도덕의 "무거운 짐 진 자들아 다 내게로 오라 내가 너희를 쉬게 하리라"(마 11:28)고 우리를 부르셨던 것이다. 행함으로 구원을 받는 것이 아니라 믿음으로 구원을 받는다는 것은 도덕을 통해 구원을 얻는 것이 아니라 신앙을 통해 구원을 받는다는 뜻이다.

어떻게 믿음으로 구원을 받는 것이 가능한가? 도덕과 윤리는 인간과 인간의 관계에서 성립되는 것이다. 악과 선도 그러하며 양심과 비양심도 인간관계에서 의미를 갖는다. 그러나 종교와 신앙은 인간과 인간의 관계를 넘어 인간과 하나님의 관계가 필수적이다. 인간 사이의 관계는 인간의 유한성과 운명성을 초월할 수 없다. 아무리 선을 쌓아간다고 해도 상대적이다. 악을 저지르면 그 값을 치러야 한다.

기독교가 천국과 지옥이라는 상징적 표현을 쓰는 것은 비교

기독교, 아직 희망이 있는가

적 선한 삶과 악한 삶을 상대적으로 구별하려는 뜻이 아니다. 하나님의 뜻과 사랑에 따라 구원을 받을 수 있는가, 그렇지 못한가를 구별하기 위한 것이다.

인간적인 선과 악은 세례 요한까지의 문제로, 하늘나라에서는 극히 작은 것에 속한다. 그리스도 이후에는 인간의 완성과 구원을 위한 믿음이 하나님의 은총이라는 관점에서 재평가되는 것이다.

그리스도가 주인이 되는 교회

교회는 인간이 중심이 되면
기독교 본연의 사명을 다하기 어려워진다.

그러나 그리스도가 주인이 되면
교회보다 큰 하늘나라를 위한 사명을 감당할 수 있다.

기독교는 교회보다 크지만
하늘나라는 기독교보다 더 넓은 세계에서
성취되어야 한다.

신도들은 대부분 교회생활을 하고 있다. 따라서 기독교는 곧 교회이고 교회와 기독교는 동일체라고 생각하는 편이다. 그러나 잠시 그 생각을 반성하고 정리해볼 필요가 있다. 더 좋은 교회를 위해서 그리고 기독교의 장래를 위해서 생각의 지평을 넓혀보자.

예수님이 세상을 떠나신 후, 제자들은 같은 신앙을 갖고 모이기 시작했다. 교회라는 조직이 생기기 전에는 개인적인 믿음을 가진 가족, 친지를 중심으로 신앙적 변화가 생겼다.

여기서 두 사람을 떠올릴 수 있다.

한 사람은 에티오피아 여왕의 국고를 맡은 내시이다. 그가 병거를 타고 가다가 신앙을 얻고 세례를 받은 뒤 집으로 돌아간다. 그는 주변의 몇몇 사람들과 구약의 전통을 따라 예루살렘에서 이루어지고 있는 새로운 신앙을 나누었을 것이다. 그 일이 얼마 동안 계속되다가 상당한 세월이 지난 후에 초대교회로 발전, 형성되었을 것이다.

다른 한 사람은 예수께서 십자가를 지고 골고다로 갈 때 도중에 그 십자가를 대신 져준 구레네 사람 시몬이다. 그도 나중에 집으로 돌아가 새로이 얻은 신앙을 가족과 더불어 소생시켜갔다. 그의 두 아들인 알렉산더와 루포 역시 나중에는 전도자의 임무를 맡은 것으로 추측된다(막 15:21). 초대교회에서는 알려진 사람들이기 때문에 그들의 이름이 남았을 것이다.

시몬은 아프리카 객지에 살면서 가족들과 더불어 신앙생활을 계속하다가 후에는 구레네 교회를 설립했을 것이다. 지금도 우리 주변에서 그런 실례를 찾아볼 수 있다. 신앙생활이 제도화된 교회로 흡수되기까지 교회 이전의 과정이 있었을 것이다. 물줄기가 큰 강을 이루거나 연못으로 스며들기 이전에 존재했던 것 같이….

그러나 일단 제도화된 교회가 성립, 정착한 뒤에는 교회가 신앙적 공동체의 중심이 되어 교회가 곧 기독교라는 통념에 빠지게 됐다. 그것이 잘못된 것은 아니다. 교회가 진정한 믿음의 공동체로 머무는 동안은 누구도 이의를 제기하거나 회의적 비판을 가하지 않았다.

초대교회가 자리 잡기 시작하면서 교회 밖에는 구원이 없다는 관념이 보편화되었고, 로마 가톨릭이 교회절대권을 유지하면서 교회가 곧 기독교이고 기독교는 그대로 교회와 일치한다는 생각이 굳어졌다. 신학자들이 교회를 논하면서 성聖(holiness)·공公(catholicity)·일一(unity)의 전통을 따르는 것은 교회의 본질을 잘 보여준다.

지금도 우리는 사도신경을 고백할 때, "거룩한 공교회와 성도의 교제를 믿는다"고 말한다. 교회는 유일한 신앙의 공동체이며 우리는 그 안에서 구원에 참여하는 것으로 믿어왔다. 지금도 천주교는 기독교와 교회는 일치되는 것이며 동일체라는 전통을 견지

기독교, 아직 희망이 있는가

하고 있다.

그러는 동안 서서히 문제가 제기되기 시작했다. 제도화된 교회가 그리스도의 교훈 및 정신과 일치되지 않는 방향으로 흘러 기독교의 본질에 어긋나거나 비기독교적인 일에 치우치게 되었을 때는 어떻게 하는가 하는 문제이다.

그 가장 대표적인 예가 종교개혁의 사건이다. 교회가 하는 일, 성직자들이 뜻하는 바가 성경과 어긋나고 그리스도의 교훈과 일치되지 않을 때는 기성교회에 대한 회의와 더불어 교회로 하여금 기독교의 정도를 걷도록 요청하는 노력이 필요했던 것이다.

그렇게 되면 기성교회는 반反교회인이나 그에 속하는 신도들을 교회 밖으로 추방한다. 천주교에서는 파문에 처하곤 했다. 어떤 때는 그런 사람들을 이단으로 단정하여 크리스천의 자격이 없는 사람들로 규정했다. 그렇다고 해서 그들이 그리스도로부터 버림받았거나 하나님에 의해서 배제당한 것은 아니다. 교권에 불복하고 교리에 따르지 않은 것뿐이다. 예수의 말씀을 떠난 적도 없으며 크리스천으로서의 삶을 포기한 것도 아니다. 그들은 여전히 신앙인으로 남게 되고 그런 사람들의 모임은 새로운 기독교 공동체가 된다. 그리고 얼마 후에는 새로운 교회가 형성되고 다시 새로운 교단으로 탄생되기도 한다.

대부분의 개신교 교회와 교단이 그렇게 설립되었다. 또 어떤 교단에 소속되었다가 교단을 떠나 독립교회로 머물기도 한다. 어떤 사람들은 교회 형태의 조직을 포기하고 교회가 아닌 공동체로 머물기도 한다. 성경에도 몇 사람이 주의 이름으로 모이면 주께서 그들과 함께하신다고 가르친 바 있다(마 18:20).

이렇게 보면 교회는 기독교 공동체의 대표적 존재이기는 하나 교회 밖에 기독교 공동체가 있을 수 없다는 생각은 적절하지 못하다. 기독교와 기독교 공동체는 하나라고 볼 수는 있다. 그러나 기독교가 곧 교회여야 한다는 주장은 현실과 일치하지 않는다.

교회 밖에 신앙의 공동체가 존립하는 경우는 대개 말씀을 따르려는 성경주의에 그 존립 근거를 두고 있다. 주의 말씀에 따라 사는 것이 옳다고 주장하다 보면 교회의 전통과 교리 및 의식儀式 속에는 말씀과 일치되지 않는 면이 많다는 사실을 발견하게 된다.

일본에서 크게 영향을 끼쳤던 무교회주의가 그 대표적인 예이다. 우리나라에도 적지 않은 신도들이 그 뒤를 따르고 있고 지성적 자립심이 강한 신도들이 그 뜻을 받아들이곤 한다. 물론 그들은 기성 교회와 달리 무교회라는 간판을 내세우지만 그 말씀의 공동체도 또 하나의 기독교 공동체임에는 틀림이 없다.

뿐만 아니라 교회에 소속되어 있으면서도 자주적인 신앙을 지키는 이들이 적지 않다. 우리는 주변에서 교회생활에는 비판적이면서도 경건한 신앙생활을 하는 이들을 자주 만나곤 한다.

한국에는 크리스천 교수가 부족하기 때문에 기독교대학을 운영하기 어렵다는 설명을 들은 한 일본인 크리스천 교수가, 일본에는 약 3000명 정도의 크리스천 교수가 있는데 그들의 상당수는 교회주의자는 아닐 것이라고 말한 적이 있다. 비록 그대로 믿을 수 있는 통계는 못 되지만 말이다.

물론 탈脫교회나 초超교회를 주장하는 것은 아니다. 그렇다고 교권과 교리에 집착하는 교회주의가 바람직하다는 것도 아니다. 오히려 교회 밖의 기독교 공동체와 공존할 수 있기 때문에 기성교회가 더 바람직한 방향으로 성장할 수도 있다.

또 교회 밖의 공동체들도 독선적인 사고나 때로는 비타협적인 모습을 보이는데, 신앙의 공동체는 진리와 사랑의 공동체여야 한다. 사랑을 봉사와 희생으로 실천하는 일은 언제나 필요하다. 교회주의에도 단점이 있고 성경주의 속에도 약점은 있는 법이다.

그렇다면 우리가 얻을 수 있는 결론은 무엇인가? 주께서는 우리에게 무엇을 요청하고 있는가? 구약성경을 읽은 사람들은 하나님의 뜻에 따라 정의롭고 축복받는 나라를 만들라는 요청은 수없이 많지만, 큰 교회, 훌륭한 교회를 위해 노력하라는 교훈은 적다는 것을 알게 된다. 이스라엘 민족에게 예루살렘 성전은 대단히 소중한 곳이지만, 하나님의 뜻을 받들어 민족과 국가를 위해 봉사하는 기관으로 되어 있다.

예수께서도 수가성의 여인에게 "여자여 내 말을 믿으라 이 산에서도 말고 예루살렘에서도 말고 너희가 아버지께 예배할 때가 이르리라…아버지께 참되게 예배하는 자들은 영과 진리로 예배할 때가 오나니 곧 이 때라 아버지께서는 자기에게 이렇게 예배하는 자들을 찾으시느니라 하나님은 영이시니 예배하는 자가 영과 진리로 예배할지니라"(요 4:21-24)라고 선포하셨다.

기독교는 공간적인 신앙을 넘어 역사적인 심령의 종교임을 가르치신 것이다.

이를 통해 구약에서도 교회주의보다 민족적 신앙이 강조되고 있음을 보게 된다. 신약에 와서는 더 말할 필요가 없다. 예수의 생애와 사상을 직접적으로 접할 수 있는 4복음서에는 훌륭한 교회나 큰 교회가 바람직하다는 교훈은 없다. 우리가 예상할 수 없을 만큼 자주 강조되고 있는 것은 하늘나라의 건설이다. 즉 하나님의 나라를 건설하는 것이 궁극적인 목적으로 되어 있다. 중요한 것은 교회제도를 위한 교리가 아니다. 하나님의 나라를 위한 진리이다.

이렇게 본다면 우리는 성전 중심의 교회관에서 벗어나야 한다. 예배당은 교회가 머물기 위한 공간, 교회가 필요로 하는 그릇과 같은 기능으로 족하다. 앞다투어 큰 성당, 화려한 예배당에 집중해 교회당이 곧 신앙이나 기독교의 중심인 것 같은 사고는 시정되어야 한다.

우리가 그렇게 달갑지 않은 교회주의라는 개념을 쓰는 것은 기독교와 신앙이 교회를 위해 존재하는 것 같은 잘못된 관습에서 탈피하자는 의미에서이다. 교회주의가 되면 교권이 큰 비중을 차지하게 되며, 교리가 진리를 소외시키는 과오를 범할 수도 있다.

교회는 아무리 훌륭하게 지어지고 교인수가 늘어나 규모가 커졌다고 해도 하늘나라를 위해 존재하는 것이다. 교회는 목표가 아닌 과정이며 목적이 아닌 방편인 것이다. 교회가 지나치게 강조되면 교회 안에서 그리스도를 만나기 어려워지며 교회 안과 밖에서 건설되어야 할 하나님의 나라를 소홀히 하는 과오를 범할 수도 있다.

모든 교회와 기독교 공동체는 안으로 문을 닫고 사는 폐쇄성에 빠져서는 안 된다. 모든 신도들이 교회를 통해 진리를 자신의 인생관과 가치관으로 받아들인 후에는 제각기 사회에 나가 맡은 일에 충성과 봉사를 다해야 한다. 그래야 교회와 기독교 공동체를 통해 민족의 역사를 바꾸며 인류에 희망을 줄 수 있다.

교회는 인간이 중심이 되면 기독교 본연의 사명을 다하기 어려워진다. 그러나 그리스도가 주인이 되면 교회보다 큰 하늘나라를 위한 사명을 감당할 수 있다. 기독교는 교회보다 크지만 하늘나라는 기독교보다 더 넓은 세계에서 성취되어야 한다.

'주의 기도' 그 이상의 기도는 없다

지금도 매일 아침 산책을 할 때면
주의 기도를 먼저 드리고 내 기도를 드린다.
사실 주의 기도 속에는
내 모든 기도가 포함되어 있다.

어떤 때는 하루에도 여러 차례 주의 기도를 드린다.
그 이상의 기도를 드릴 수 없음을 알고 있기 때문이다.

내가 일본에서 대학생활을 하던 시절에는 많은 학생이 도쿄대학에 객원 교수로 있던 독일 출신의 라파엘 폰 쾨베르R. von Köeber 교수의 수필집을 읽었다.

그 안에는 이런 대화 내용이 들어 있다. 일본 학생들과의 대화이다.

"당신도 기도를 드립니까?"

"예, 기도를 드립니다."

"어떤 기도를 드립니까?"

"이전에는 내가 뜻하는 기도를 드렸는데 최근에는 주의 기도만 드리곤 합니다."

"어째서입니까?"

"내가 아무리 좋은 기도를 드린다고 해도 주의 기도보다 더 뜻 깊은 기도를 드릴 수 없기 때문에 주의 기도를 계속 드립니다."

"주의 기도는 너무 짧지 않습니까?"

"그렇지는 않습니다. 주기도문의 두 번째 문장인 '아버지의 나라가 오게 하시며'만 해도 그 내용을 다 헤아릴 수 없을 정도입니다."

그렇다. 우리가 아무리 좋은 기도를 드린다고 해도 주의 기도 이상은 드릴 수 없을 것이다.

6·25 전란 때 일이다.

공산군의 남침 때문에 3개월 동안 위기를 겪고 있다가 인천 상륙작전이 벌어졌다. 그 결과 공산군들이 북으로 도주하고 수도 서울이 국군과 유엔군의 수중으로 되돌아왔다.

부산으로 피난 가 있던 우리 정부가 서울로 환도하게 되었다.

1957년 당시의 중앙청 앞 광장에서 환도기념식이 열리게 되었다. 그 기념식에서 맥아더D. MacArthur 장군은 행정권을 이승만 대통령에게 이양하는 메시지를 발표했다. 그 성명서 마지막 부분에서 맥아더 장군은 "… 나는 이승만 대통령 그리고 한국의 국민과 함께 인간이 하나님께 드릴 수 있는 가장 겸손한 기도로 내 메시지를 끝내기로 하겠습니다"라고 말하면서 주의 기도를 드리고 '아멘'으로 끝맺음을 했다.

아마 그것이 군인으로서 그의 마지막 메시지였을 것이며 그의 생애 중 가장 중요한 시기에 남겨준 기도였을 것이다.

사실 나는 어려서부터 교회에 다니면서 주의 기도를 배웠다. 그 이후 수없이 많이 주의 기도를 드렸다. 시골 교회에서는 지루하고 피곤한 예배가 끝날 때는 찬송을 부르고 주기도문으로 마감하는 것이 통례가 되어 있었다. 그래서 오랫동안 주의 기도는 폐회기도로 알고 있었다. 그러니까 기도라기보다는 암송문과 같은

기독교, 아직 희망이 있는가

것이었다. 그 뜻과 내용은 모르고 지냈다. 지금도 어떤 교회에 가면 "주기도문을 드리겠습니다"라고 말한다. 기도라기보다는 함께 암송하자는 것이다.

그러다가 쾨베르라는 철학자와 맥아더 장군의 기록을 읽고 비로소 '주의 기도'의 소중함을 깨닫게 되었다. 그다음부터는 주의 기도를 기도로써 드리기 시작했다. 누구도 주의 기도보다 기도다운 기도를 드릴 수 없음을 깨달았던 것이다.

지금도 매일 아침 산책을 할 때면 주의 기도를 먼저 드리고 내 기도를 드린다. 사실 주의 기도 속에는 내 모든 기도가 포함되어 있다. 그래도 내 기도를 드려야 할 것 같은 생각을 넘어서지 못하고 있다.

어떤 때는 하루에도 여러 차례 주의 기도를 드린다. 그 이상의 기도를 드릴 수 없음을 알고 있기 때문이다. 또 내가 관여하는 예배시간에는 주의 기도를 제일 먼저 드린다. 너무나 소중한 기도이기 때문이다.

만일 우리가 임종을 맞이하는 순간에 마음의 여유가 생긴다면 인간적인 유언을 남길 것이다. 그리고 가능하다면 동석했던 사람들과 더불어 주의 기도를 드리면서 눈을 감을 수 있다면 그보다 더 고귀한 신앙고백은 없을 것이다. 생각해 보면 주의 기도는 그렇게 엄숙한 기도이면서 우리의 소원을 하나님께 호소하는 가장 기도다운 기도이다.

주의 기도의 마지막은 '우리를 악에서 구하옵소서'라고 되어 있다. 한평생을 사는 동안 많은 악의 유혹을 받아왔지만, 이제는 우리를 그 모든 악에서 구해달라는 기도와 구원의 호소이다. 악에서 구원을 받는 것이 곧 주의 품으로 돌아가는 유일한 길인 것이다. 그것이 신앙인의 마지막 기도일 수밖에 없다.

악의 유혹이 얼마나 절대적이었는가. 불가에서는 그것을 끊을 수 없는 인과의 사슬이라고 가르친다. 인과의 사슬은 숙명적인 것이다. 옛날의 종교학자와 철학자들은 운명론을 믿었다. 개인의 타고난 운명과 인간으로서 짊어진 삶은 누구도 어떻게 할 수 없다는 생각이다. 개인은 죄인으로서의 운명을 벗어날 길이 없으며, 인간적 한계인 원죄의 사슬을 끊어버리지 못한다고 여겼다.

이제 악마의 유혹이라고 부를 수 있을 정도로, '우리를 얽매어오던 유혹과 시련에서 자유롭게 해주시고 모든 죄악에서 구원하시며 우리를 영원한 사랑의 품 안에 쉬게 해주옵소서'라는 기도는 우리의 최후 기도가 아닐 수 없다.

그리고 '나를 구해주옵소서'가 아니라 '우리를 구해주옵소서'라고 되어 있다. 여기서 우리란 뜻과 믿음을 함께하는 모든 사람이다. '주의 기도' 안에서는 주인과 종의 차별이 없으며, 백인과 흑인의 구별도 있을 수 없다. 이데올로기의 벽도 존재하지 않으며, 전쟁에서의 아군과 적군의 구별도 사라지고 만다. 인간으로서 사랑을 나눌 수 있는 모든 사람을 악에서 구해주시기를 바라는 기도인 것이다.

지금 우리는 그런 기도를 드려야 한다. '주의 기도' 그 이상의 기도는 없다.

선으로 악을 이기는 그리스도인

크리스천은 '어떻게 수단과 방법을 쓰지 않고
선으로 악을 이길 수 있는가?'를 물어야 한다.

예수께서 한 점의 수단과 방법도 사용하지 않고
하늘나라 건설에 앞장서셨던 것처럼
우리도 그 뒤를 따라야 한다.

100년이 지나도 희망을 주는 기독교가 되기 위해서는
예수 그리스도의 희생과 사랑을 그대로 체화하여
실천하는 길밖에 없다.

옛날 한 서양 신부가 로마 교황청으로부터 파송을 받아 일본에 오게 되었다.

그 신부는 이름 없는 평범한 신부로 일하는 것보다 주교 신부가 되면 더 많은 선교활동을 할 수 있을 것이라는 뜻을 품고 있었다. 선교 사업에도 행정 능력과 정치적인 역할이 중요하다고 보았던 것이다.

마침 교황청으로부터 지시가 있어 로마로 가는 행운의 기회가 생겼다. 신부는 태평양을 항해하고 멕시코를 거쳐 스페인에 도착했다. 친지 신부들과 윗사람들을 만나면서 일본에서의 선교를 위해 필요한 도움을 호소하기도 했다. 자신의 위상과 능력을 인정받고 싶었던 것이다. 신부와 동행했던 일본인들도 그 일에 협조했다.

로마에서도 그 일을 이어갔다. 그러나 모든 일이 뜻대로 되지 않았다. 긴 기간에 걸친 노력이 아무 결실 없이 끝나게 될 무렵, 신부는 자신이 원했던 것이 하나님의 섭리와 일치하지 않는 것 같다는 판단을 내린다. 소원이 받아들여지지 않았기 때문이다.

오랜 여정을 끝내고 신부가 일본으로 돌아오는 중에 일본에서는 대대적인 천주교 박해가 전개된다. 신부들은 물론 신도들까지 투옥되어 처형당하고 있다는 소식을 접한다. 그 사태를 알게 된 교황청에서는 그 신부에게 위험한 일본으로 돌아가지 말고 필리핀의 한 수도원장으로 부임하라는 명을 내린다.

신부는 필리핀에 머물면서 일본에서 많은 신도가 순교를 당하고 자신의 전도로 신도가 된 교인들도 처형당하고 있다는 사실을 알게 된다. 신부는 자기만 안전한 곳에서 편히 머물 수 없다는 자책감과 선교의 사명감을 느낀다. 그래서 신부의 신분을 숨기고 민간인 복장으로 위장한 채 일본으로 들어온다. 이곳저곳을 방문하면서 신도들을 위로하며 격려하던 그는 신원이 밝혀지고, 결국 이중적인 불법 선교의 죄책을 물어 사형당하게 된다.

그때 신부는 죽음을 맞이하면서 "다 이루었다"는 마지막 독백을 남기고 숨을 거둔다.

위의 내용은 일본의 천주교 작가 엔도 슈사쿠의 대표작인《위대한 몰락》의 줄거리이다.

성경에는 예수께서 악마의 시험을 당하는 대목이 나온다(눅 4:1-13). 악마는 예수님에게 "네가 만약 하나님의 아들이라면 예루살렘 성전 꼭대기에서 뛰어내려보라"고 말한다.

그때 악마는 이렇게 유혹했다. '아무것도 가진 것이 없고 돌로 떡을 만드는 것과 같은 경제문제도 외면하고 천하에 영향을 미칠 정치권력도 마다하는 당신이 어떻게 세계를 하늘나라로 바

기독교, 아직 희망이 있는가

꾸는 엄청난 역사적 사업에 뛰어들려고 하는가. 그렇다면 어떤 비상한 수단이라도 써야 하지 않겠는가. 예루살렘 성전 옥상에서 뛰어내리더라도 하나님께서 당신을 지켜주는 기적과 같은 방법을 써봐라. 그것을 본 성전에 모였던 많은 군중의 추종과 지지라도 받아야 할 것이 아닌가. 또 그 일은 당신이 원한다면 하나님께서도 받아주실 것이 아니겠는가.'

그것은 반드시 나쁜 일만은 아니다. 목적이 선하기 때문에 그런 지혜로운 수단과 방법은 용납될 수도 있었기 때문이다. 그러나 예수께서는 하나님을 자신의 목적을 위해 이용하는 일은 옳지 않다고 대답하셨다.

세상 사람들은 성공과 출세를 위해서는 유능해야 하며 유능한 사람은 남이 흉내 낼 수 없는 탁월한 수단과 방법을 써야 한다고 생각한다. 어떤 목적에 도달하기 위해서는 지혜가 필요하며 지혜는 수단과 방편을 자아내는 원천이라고 믿는다. 누구도 의심하지 않는 인생의 선택이라고 생각한다.

지금도 정치·경제계에서 성공하는 사람들은 위와 같은 사고를 가지고 있다. 그래야 정권 쟁취에 성공하며 경제적 경쟁에서 승리할 수 있다고 생각한다. 목적을 위해서는 어떤 수단과 방법을 사용해도 괜찮고 오로지 승자만이 지배할 수 있다는 철학은 정당한 것으로 받아들여지고 있다.

그런 사회 분위기에서 살고 있기 때문에 교회 안에서도 수단과 방법에 능한 사람이 순수한 신앙을 가진 사람보다 세상적인 일에서 앞서곤 한다.

한때 감리교 감독을 선출하던 과거의 일들을 회상해보면 알 것이다. 때로는 장로교 교단에서 노회장이나 총회장을 선출할 때, 세상 사람들이 정치적 선거를 하는 것 같은 금력과 수단을 동원한 일이 없지 않았다.

입후보자들은 자신이 감독이 되고 총회장이 되면 더 많은 일을 할 수 있고 그것이 교회 성장과 선교에 더 큰 결실을 가져올 것이라고 생각한다. 선한 목적을 위해서이기도 하지만, 주님의 일을 더 효과적으로 수행할 수 있는 과도적 행동이라고 믿기도 한다.

먼저 소개한 서양 신부가 그와 같은 생각을 했던 것이다. 그러나 그 신부는 그 뜻이 하나님의 섭리가 아니었음을 깨닫는다. 그래서 신도들의 고난에 동참하기 위해 안전하게 머물 수 있는 장소를 떠나 고통과 순교의 자리로 뛰어든다. 그것이 주님의 길이었던 것이다. 그리고 순교의 순간에 비로소 "다 이루었다"는 고백의 기도를 드린다.

우리는 하나님의 뜻을 위한다면서 나도 모르는 사이에 나를 위한 이기적인 수단과 방법을 선택하기 쉽다. 그래서 크리스천은 '어떻게 수단과 방법을 쓰지 않고 선으로 악을 이길 수 있는가?'

를 물어야 한다. 예수께서 한 점의 수단과 방법도 사용하지 않고 하늘나라 건설에 앞장서셨던 것처럼 우리도 그 뒤를 따라야 한다.

우리에게 허락된 것은 수단과 방법이 아닌 사랑의 지혜이다. 하늘나라는 인간적인 수단과 방법으로는 건설되지 않는다. 100년이 지나도 희망을 주는 기독교가 되기 위해서는 예수 그리스도의 희생과 사랑을 그대로 체화하여 실천하는 길밖에 없다.

책 말미에

이 책은 《희망의 약속》(2006년. 예영커뮤니케이션)을 개정증보한 것이다.
이 책이 새롭게 태어나도록 애써준 두란노서원과
아가페의 집 이종옥 이사장께 고마운 마음을 전한다.